NATIONALSOZIALISMUS

DUMONT

NATIONALSOZIALISMUS

Ein Schnellkurs

Werner Jung

geboren 1954, studierte Geschichte, Germanistik und Psychologie in Köln und promovierte in Neuerer Geschichte. Er ist Direktor des NS-Dokumentationszentrums der Stadt Köln und Autor und Herausgeber mehrerer Publikationen zu Köln und zum Nationalsozialismus.

Umschlagvorderseite:
Hitler nimmt die Parade der aus Spanien zurückgekehrten Legion Condor ab, Berlin, 6. Juni 1939

Umschlagrückseite von oben nach unten:
Hans und Sophie Scholl, 24. Juli 1942
Brennende Synagoge in Essen, 10. November 1938
Der sowjetische Soldat Meliton Kantarija hisst die Rote Fahne auf dem Berliner Reichstagsgebäude, Mai 1945

Frontispiz:
Jugendliche auf der Straße im Warschauer Ghetto, Sommer 1941. Aufnahme einer Propagandakompanie der Wehrmacht

Bibliografische Information der Deutschen Bibliothek:
Die Deutsche Bibliothek verzeichnet diese Publikation in der Deutschen Nationalbibliografie; detaillierte bibliografische Angaben sind im Internet über http://dnb.ddb.de abrufbar.

Lektorat: Carmen Soentgerath
Layout und Satz: DuMont Buchverlag, Köln
Karten und Grafiken: Cartomedia, Karlsruhe
Umschlag: Zero, München
Druck und buchbinderische Verarbeitung: Rasch, Bramsche
Printed in Germany
ISBN 978-3-8321-7787-4

Als ein Wagnis wird es häufig bezeichnet, die Geschichte des Nationalsozialismus auf knappem Raum darstellen zu wollen. Zum einen gilt die Forschung über die zwölfjährige nationalsozialistische Herrschaft als schier unübersehbar. Zum anderen erfordert das komplexe und vielschichtige Thema eine differenzierte Sicht und den Raum zu deren Entfaltung. Es wird nicht leichter, wenn man bedenkt, dass schon vor 30 Jahren bei einem doppelt so dicken Buch wie diesem der Autor von einem Wagnis sprach, ein solches Vorhaben zu verwirklichen. Umso mehr darf dies wohl heute gelten. Zwangsläufig müssen Aspekte, die dem einen oder der anderen wichtig erscheinen mögen, zu kurz oder gar nicht dargestellt werden.

Doch stellt das Thema Nationalsozialismus in der Reihe »Schnellkurs« auch eine Chance dar. Gerade das Dickicht an Informationen benötigt als erste Orientierung einen kompakten Überblick, um gleichsam Licht in den historiographischen Dschungel zu bringen.
Der Text verzichtet auf Anmerkungen und Quellennachweise. Im Anhang werden lediglich einige weiterführende allgemeine Literaturhinweise aufgeführt, über die man jedoch schnell zu weiteren Informationen und Veröffentlichungen gelangen kann.

Köln, im März 2008
Werner Jung

Der Nationalsozialismus hat die Welt verändert. Seine vergleichsweise kurze Herrschaft von zwölf Jahren (1933 bis 1945) hat tief greifende Auswirkungen hinterlassen. Sie ist nicht allein Teil der deutschen Geschichte, sondern ebenso der europäischen und der Weltgeschichte. Das NS-Regime hat einen in der Menschheitsgeschichte bis heute einmaligen Zivilisationsbruch zu verantworten. Zwar durchzieht die Geschichte der Menschheit seit Anbeginn eine Blutspur unvorstellbaren Ausmaßes, und gerade das 20. Jahrhundert war ein Jahrhundert brutaler Völkermorde: beginnend mit dem Genozid an den Armeniern 1911 über den »roten Terror« Stalins und die Gräuel des NS-Regimes bis hin zur jüngsten Zeit mit den Völkermorden in den Nachfolgestaaten Jugoslawiens oder an den Tutsis in Ruanda. Doch das Verbrechen der Nationalsozialisten, die geradezu industriell betriebene Ermordung von Millionen Menschen, ist beispiellos.

Rechtsextreme Strömungen und Ideen in der Weimarer Republik

Ideologie und Ursachen, Aufstieg und Herrschaft des Nationalsozialismus waren eingebettet in die deutsche und europäische Geschichte. Aus der Urkatastrophe des Ersten Weltkrieges und seinen Folgen entwickelten sich die meisten weiteren Katastrophen des 20. Jahrhunderts, und nicht zuletzt sind hier auch die Gründe für den Aufstieg des Nationalsozialismus zu sehen.

Die Urkatastrophe des Ersten Weltkriegs und ihre Folgen

Nach dem großen Krieg begann das große Umdeuten und Verdrängen der Niederlage. »Den wahren Siegern – Unseren siegreichen Truppen« – so stand es auf den Transparenten, die man parteiübergreifend für die aus dem Feld heimkehrenden Soldaten errichtet hatte, um sie wie Sieger zu empfangen und wie Helden zu feiern. Das Trauma der Niederlage im Ersten Weltkrieg wurde noch verstärkt durch den Versailler Friedensvertrag vom Juni 1919, der zu einer schweren Hypothek für die junge deutsche Demokratie werden sollte. Helle

Empfang für die heimkehrenden Soldaten in Köln, November 1918. Das Transparent hing über einer Brückenunterführung.

Empörung über diesen Vertrag herrschte in weitesten Teilen von Bevölkerung und Politik, einschließlich der Kommunisten: Ein »Schanddiktat« sei er. Reichsministerpräsident Philipp Scheidemann von der SPD meinte gar: »Welche Hand müsste nicht verdorren, die sich und uns in diese Fessel legt?« Als besonders demütigend wurde empfunden, dass im Vertrag die Alleinschuld des Deutschen Reiches am Krieg festgeschrieben wurde, auch wenn man heute weiß, dass dies der Wahrheit schon sehr nahe kommt. Durch hohe Reparationszahlungen und beträchtliche Territorialverluste sah man allgemein die »Nation in Ketten« gelegt. Deutschland verlor alle Kolonien, Elsass-Lothringen, den größten Teil der Provinzen Posen und Westpreußen, das Memelgebiet, Danzig wurde Freie Stadt unter Völkerbundsmandat; in Oberschlesien und im Saarland sollte in Volksabstimmungen über die Zugehörigkeit zu Deutschland entschieden werden und das Rheinland wurde entmilitarisiert und für 15 Jahre besetzt; die Militärmacht Deutschlands wollten die Siegermächte brechen, indem Kriegsgerät abzuliefern oder zu vernichten war, das Heer auf 100.000 Mann ohne schwere Waffen, Panzer und Flugzeuge und die Marine auf 15.000 Mann beschränkt wurde; zudem wurde ein möglicher Anschluss von Deutsch-Österreich an Deutschland untersagt. All dies stellt geradezu eine Negativfolie für die spätere Politik der Nationalsozialisten dar.

So gut wie niemand wollte damals wissen, dass die Bedingungen des Vertrags tatsächlich nicht so hart waren: Ein Verlust von 13 Prozent des Territoriums beließ Deutschland als Großmacht in der Mitte Europas –

»Was wir verlieren sollen!« Plakat zum Versailler Vertrag, 1919

man vergleiche einmal die territorialen Verluste nach dem Zweiten Weltkrieg. Selbst bei den Reparationszahlungen konnte man darauf hoffen, dass im Lauf der Zeit realistischere Bedingungen auszuhandeln waren. Die strikte Ablehnung des »Schmachfriedens« wurde bald auf verhängnisvolle Art und Weise mit der »Dolchstoßlegende« verknüpft. Ausgerechnet Feldmarschall Paul von Hindenburg, der 1918 eindeutig die militärische Niederlage hatten eingestehen müssen, behauptete im November 1919 gegen besseres Wissen: »Die deutsche Armee ist von hinten erdolcht worden.« Das deutsche Militär sei »im Felde unbesiegt« gewesen, die Heimat der kämpfenden Front in den Rücken gefallen und die politischen Linkskreise seien daher verantwortlich für die militärische Niederlage. So unverfroren wie geschickt hatte er damit die Verantwortung der alten Eliten für die Niederlage im Ersten Weltkrieg auf die demokratischen Politiker abgewälzt, die die Folgen dieser Katastrophe zu bewältigen hatten. Die junge Demokratie von Weimar war ohnehin schon dadurch belastet, dass die alte monarchische Machtelite nach wie vor zentrale Positionen besetzte, insbesondere in Bürokratie, Justiz und Wehrmacht. Sie stand in unversöhnlichem Gegensatz zu dem neuen Staat.

Mit der »Dolchstoßlegende« kämpfte man gegen die junge Demokratie

Die Weimarer Republik wurde so für viele zum »System von Versailles« und die parlamentarische Demokratie als von den Siegern aufgezwungen angesehen. Der Friedensvertrag galt als Knebelvertrag, als Ursache für die Alltagsmisere. Ohne Frage, Deutschland befand sich in den Jahren nach dem Ersten Weltkrieg in einer nationalen Seinskrise, und Parteien, die die Erlösung daraus propagierten, war Aufmerksamkeit und Zuspruch sicher. Hier konnte die konservativ-nationalistische Rechte und – wie sich bald zeigen sollte – nicht zuletzt die NSDAP ansetzen.

Antidemokratische Kräfte hatten in der Weimarer Republik von Anfang an ein leichtes Spiel. Unmittelbar nach dem Kriegsende entstanden militante rechtsextreme Bewegungen wie die Freikorps und antisemitische, antimarxistische und »deutschvölkische« Gruppierungen, Geheimbünde und Kampfverbände. Häufig stießen zu diesen neuen Vereinigungen entlassene, sozial entwurzelte und politisch heimatlose Soldaten. Auf das Konto der Freikorps und Rechtsextremen ging eine Reihe spektakulärer Morde: um die Jahreswende 1918/1919 starben Rosa Luxemburg und Karl Liebknecht, die kurz zuvor die KPD gegründet hatten; der bayerische Ministerpräsident Kurt Eisner wurde 1919 ermordet, 1921 Mathias Erzberger, der frühere Finanzminister und Unterzeichner des Waffenstillstandsabkommens, Außenminister Walter Rathenau 1922. Noch gingen Menschen zu Zigtausenden auf die Straße und demonstrierten dagegen; der Kapp-Lüttwitz-Putsch von 1920 konnte durch einen mächtigen Generalstreik besiegt werden.

»Wer hat im Weltkrieg dem deutschen Heere den Dolchstoß versetzt?« Plakat zur Dolchstoßlegende, 1919

Der »Deutschvölkische Schutz- und Trutzbund« entwickelte sich mit über 100.000 Mitgliedern rasch zur größten Organisation, die schon durch schroffe antisemitische Propaganda auffiel. Einen Schwerpunkt hatte sie in Bayern und insbesondere in München. Dort gründeten am 5. Januar 1919 in einer Münchner Gaststätte der Werkzeugschlosser Anton Drexler und der Journalist Karl Harrer die »Deutsche Arbeiterpartei«. Sie wäre sehr wahrscheinlich eine der vielen unbedeutenden Splitterparteien geblieben, wenn nicht der Zufall mitgespielt hätte. Im Spätsommer 1919 besuchte im Auftrag der Reichswehr ein Gefreiter, eingesetzt als politischer Agent und Spitzel, eine Versammlung der Partei. Er war in der Nachrichtenabteilung der Bayerischen Reichswehr in einem »antibolschewistischen politischen Aufklärungskurs« durch seine »natürliche Rednerbegabung« aufgefallen: Adolf Hitler.

Hitlers frühe Jahre

Hitler stammte aus Braunau am Inn in Österreich. Vieles seiner Familiengeschichte liegt im Dunkeln. Er war stets bemüht, seine Herkunft zu verschleiern und mit Legenden zu verklären. Geboren wurde er am 20. April 1889 als viertes Kind aus der dritten Ehe des Zollbeamten Alois Hitler. Dieser war ein gebürtiger Schickelgruber und hatte erst mit 39 Jahren den Namen Hitler angenommen. Entgegen Hitlers späteren Einlassungen lebte die Familie des kleinen Beamten in durchaus gesicherten Verhältnissen. Dies galt auch für die Zeit nach dessen Tod im Jahr 1903, als die Familie nach Linz zog. Hier verbrachte Hitler den größten Teil der Kindheit und Jugend, wohl behütet von Mutter, Schwester und Tante. In der Schule scheiterte er und entwickelte sich bereits zum Außenseiter. 1905 verließ er ohne Abschluss die Oberrealschule.

Hitler pflegte das Leben eines Möchtegern-Bohemiens

Im Herbst 1907 zog Hitler nach Wien. Sein Berufswunsch hatte sich bereits herausgebildet: Er wollte Künstler werden. Zwei Zulassungsprüfungen an der Akademie für Bildende Künste bestand er jedoch nicht. Auch nach dem Tod der Mutter im Dezember 1907 konnte er von dem väterlichen Erbteil und einer Waisen-

Adolf Hitler als zehnjähriger Volksschüler (oberste Reihe Mitte) im Kreis seiner Mitschüler, 1899

rente zunächst unbeschwert leben. Er zeichnete als »Kunstmaler« Architektur-Ansichtskarten und ließ sie verkaufen. Er frönte dem Lebensstil eines nur sich selbst verantwortlichen Müßiggängers. Ein Möchtegern-Bohemien, nicht willens und nicht fähig zu regelmäßiger oder gar körperlicher Arbeit. Als Bauarbeiter, wie Hitler später behauptete, hat er nie gearbeitet. Seine Zeit verbrachte er vor allem mit Opernbesuchen und entwickelte ein lebhaftes Interesse an den Werken Richard Wagners. Als das Geld 1909 verbraucht war und er die Miete nicht mehr zahlen konnte, folgte der soziale Absturz: Hitler landete für Monate in einem Obdachlosenasyl. Er war damit auf einem persönlichen Tiefpunkt angekommen. Im Februar 1910 konnte er in ein neu errichtetes, gut ausgestattetes Männerheim umziehen. Dort nutzte er im Lesezimmer die Tageszeitungen und die Bücher der kleinen Bibliothek und las antisemitische und völkische Veröffentlichungen. Seine Wiener Jahre haben Hitlers Weltbild nachdrücklich geprägt. Die Hauptstadt des Vielvölkerstaates mit seinem Völkergemisch und den daraus entstehenden nationalen und sozialen Konflikten war eine Hochburg des Antisemitismus. Der Wiener Bürgermeister in den Jahren 1897 bis 1910, Karl Lueger, war ein übler Antisemit und Demagoge, der Hitler stark beeindruckte.

Im Mai 1913 siedelte Hitler nach München über. Er floh vor dem Stellungsbefehl zur k.u.k. Armee. Anfang 1914 wurde er für kurze Zeit inhaftiert und zwangsweise vorgeführt. Bei der Musterung in Salzburg erklärte man ihn wegen körperlicher Schwäche für untauglich. Er ging zurück nach München und führte dort ein ähnliches Leben wie in Wien. Er lebte in den Tag hinein, verkaufte seine Aquarelle und fiel in Lokalen und Cafés durch wilde Debatten auf. Erst der Ausbruch des Ersten Weltkriegs beendete dieses unstete und ziellose, stets vom sozialen Abstieg bedrohte Dasein. Freiwillig meldete sich der mittlerweile 25-jährige Hitler zur bayrischen Armee. Der Krieg wurde für ihn die entscheidende Lebenserfahrung und prägend für sein weiteres Denken und Handeln. Die Armee bot ihm eine soziale Heimat. Während des gesamten Krieges war er Meldegänger zwischen dem Regimentsstab und den vorgeschobenen Stellungen an der Westfront. Er blieb Gefreiter und wurde wegen fehlender »Führungseigenschaften« nie zum Unteroffizier befördert. Seine Kameraden verspotteten ihn als Einzelgänger und pflichtbesessenen Spinner. Bereits im Dezember 1914 erhielt er für seine Tapferkeit das Eiserne Kreuz II. Klasse und am Ende des Krieges die für einen Gefreiten ungewöhnliche Auszeichnung mit dem EK I. Von der militärischen Niederlage und der Revolution – wie auch

Die Kriegserfahrung prägte Hitler entscheidend

Hitler als Soldat im Ersten Weltkrieg (erster von links, mit Schnauzbart), um 1916

Millionen anderer Soldaten – schockiert, meldete sich Hitler sofort nach einem Lazarettaufenthalt beim Ersatzbataillon seines Regiments in München. Er wurde »Bildungsoffizier« der Reichswehr. Im Auftrag seines Vorgesetzten verfasste er eine Stellungnahme über die Gefahren des Judentums. Diese stellt die erste schriftliche Äußerung Hitlers zu politischen Fragen dar. Schon damals waren seine Ideen zum Antisemitismus durch eine schroffe Radikalität geprägt: Das »letzte Ziel« des Antisemitismus müsse »unverrückbar die Entfernung der Juden überhaupt sein.«

In der Deutschen Arbeiterpartei, deren Versammlung Hitler beobachtete, erkannte er rasch sein neues Wirkungsfeld, mehr noch: seinen Lebensinhalt. Er trat in die Partei ein und wurde ihr »Werbeobmann«. Seine Rednergabe und sein Agitationstalent machten ihn bald zu einer wichtigen Kraft der Partei. Die »Deutsche Arbeiterpartei« führte seit Februar 1920 den Namen »Nationalsozialistische Deutsche Arbeiterpartei« (NSDAP). Zu ihrer ersten großen Veranstaltung am 24. Februar 1920 kamen 2.000 Besucher ins Münchner Hofbräuhaus. Dort wurde das 25-Punkte-Parteiprogramm verabschiedet, das Hitler mit dem Parteivorsitzenden Anton Drexler entworfen hatte. Im Dezember 1920 hatte die NSDAP mit Hilfe der Reichswehr und privater Spender von der Thule-Gesellschaft den »Münchner Beobachter« übernommen und daraus das Parteiorgan »Völkischer Beobachter« entwickelt, der zunächst zweimal pro Woche und seit Februar 1923 täglich erschien. Ende 1920 steigerte die Partei die Zahl der Mitglieder von 200 auf 2.000 Mitglieder; es wurden die ersten Ortsgruppen außerhalb Münchens und Bayerns gegründet. Mitte 1921 kamen als Selbstschutzverband die »Sturmabteilungen« (SA) hinzu. Hitler, der sich als »Trommler« zur Verfügung stellte, hatte dank seines rednerischen Talents bald eine beherrschende Stellung in der neuen Partei inne.
Auf einer außerordentlichen Mitgliederversammlung

Hitler beim Einstudieren von Rednerposen, 1926. Fotografiert von seinem Leibfotografen Heinrich Hoffmann

»Staatsbürger kann nur sein, wer Volksgenosse ist. Volksgenosse kann nur sein, wer deutschen Blutes ist, ohne Rücksichtnahme auf Konfession. Kein Jude kann daher Volksgenosse sein.«

(Punkt 4 des NSDAP-Parteiprogramms)

wurde er im Juli 1920 zum Vorsitzenden mit fast unumschränkten Kompetenzen gewählt. Beim ersten Reichsparteitag in München im Januar 1923 zählte die Partei bereits 20.000 Mitglieder und war nicht nur in Bayern eine ernstzunehmende Bewegung geworden.

Der Führer der italienischen Faschisten, Benito Mussolini, hatte im Oktober 1922 mit seinem »Marsch auf Rom« die Macht in Italien übernommen. Das weckte Hoffnungen im rechtsextremen Lager in Deutschland. Das Jahr 1923 wurde zum ersten großen Krisenjahr der Weimarer Republik: Besetzung des Rheinlandes durch französische Truppen wegen nicht geleisteter Reparationszahlungen, Gefahr der Abspaltung von Reichsgebieten, Ruhrkampf und dessen Aufgabe, eine Hyperinflation, die zahlreiche kleine Existenzen und Sparguthaben vernichtete und bei vielen den Rest an Vertrauen in die Republik zerstörte. Von der Krise profitierte die NSDAP stark. Ihre Mitgliederzahl stieg sprunghaft auf 55.000 an. In Bayern hatte sie unter den völkisch-nationalistischen Verbänden bereits eine führende Stellung inne. Hitler galt vielen schon als »deutscher Mussolini«, von dem man sich einen »Marsch auf Berlin« erhoffte. Als die Reichsregierung in Berlin gegen die republik- und reichsfeindliche bayrische Regierung unter Gustav von Kahr, die wiederholt Verfassungsbruch begangen hatte, militärisch vorgehen wollte, schritt Hitler zur Tat: Er drang am Abend des 8. November 1923 in eine Versammlung im Münchner Bürgerbräukeller ein, brachte Kahr und andere Regierungsmitglieder in seine Gewalt, erklärte die Reichsregierung und die bayrische Landesregierung für abgesetzt und erpresste von ihnen, den »Marsch auf Berlin« mitzuorganisieren und in eine Regierung Hitler einzutreten. Doch diese waren nur zum Schein auf Hitlers Erpressung eingegangen und bereiteten bereits in der Nacht die Niederschlagung des Putsches vor. Die anderntags von Hitler gemeinsam mit Erich Ludendorff angeführten mehrere Hundert Putschisten

Der »Hitler-Putsch« am 9. November 1923 scheiterte

suchten rasch das Weite, als an der Feldherrnhalle die bayrische Landespolizei einige Schüsse auf sie abgab. Bei einem kurzen Feuergefecht starben 15 Aufrührer, vier Polizisten und ein unbeteiligter Passant. Die Toten wurden fortan als die ersten »Blutzeugen der Bewegung« mystifiziert. Hitler floh leicht verletzt. Die »nationale Revolution« – der erste Griff nach der Macht – war damit kläglich gescheitert. Partei, SA und »Völkischer Beobachter« wurden verboten.

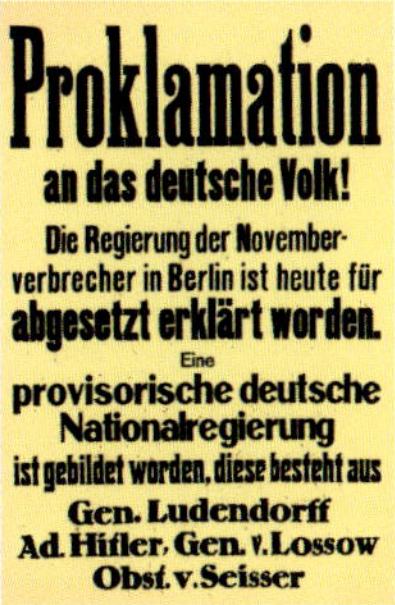

Flugblatt zum »Hitler-Putsch«, 9. November 1923

Doch der anschließende Hochverratsprozess gegen Hitler, Ludendorff und andere vom 26. Februar bis zum 1. April 1924 in München geriet zu einer Farce. Aus der schmachvollen Niederlage konnte so noch ein propagandistischer Erfolg werden. Die Verhandlung gestaltete sich unter dem Vorsitz eines rechtskonservativen Richters zu einer Bühne für die Verbreitung nationalsozialistischer Ideen. Dies machte die Partei reichsweit bekannt und in nationalistischen Kreisen populär. Für die Richter waren die Putschisten Männer von »rein vaterländischem Geist« und »edelstem selbstlosen Willen«, und entsprechend milde fielen die Urteile aus. Hitler und drei weitere Angeklagte erhielten lediglich fünf Jahre Festungshaft mit der Aussicht auf Begnadigung nach sechs Monaten. Die Übrigen kamen mit noch geringeren Strafen davon. Ludendorff wurde sogar freigesprochen. Das Gericht lehnte es zudem ab, »einen Mann, der so deutsch denkt und fühlt wie Hitler«, als wegen Hochverrats verurteilten Ausländer nach Österreich abzuschieben, was das Republikschutzgesetz eigentlich vorsah.

Von seiner Haft verbüßte Hitler lediglich acht Monate im Gefängnis Landsberg. Es war allerdings mehr ein Pensionat, wo er umgeben von seinen Getreuen, unter ihnen Rudolf Heß, die Zeit mit politischen Monologen zubrachte. Sie wurden in die Schreibmaschine diktiert und erschienen, nachdem Hitler im Dezember 1924 vorzeitig aus der Haft entlassen worden war, im Juli 1925 als erster Teil von »Mein Kampf«. Trotz starker redaktioneller Eingriffe war nur mit Mühe ein Buch daraus geworden – ein sehr weitschweifiges und kaum zusammenhängendes Sammelsurium von eigenen und fremden Ideenfetzen; ein Füllhorn unterschiedlicher Themen, angefüllt mit wirren Hassausbrüchen, geschrieben, wie Hitler redete: endlos monologisch, schwülstig, unsystematisch und sich ständig wiederholend. Bis zur Machtübernahme wurden 300.000 Exemplare verkauft und bis zum Ende des Regimes 10 Millionen Stück, in 16 Sprachen übersetzt, u. a. war es eine obligatorische Gabe bei jeder Eheschließung. Das Buch galt und gilt als der am wenigsten gelesene Bestseller der Welt.

»Weltanschauung« Hitlers und der Nationalsozialisten

Von einer geschlossenen »Weltanschauung« in »Mein Kampf« kann keine Rede sein. Nichts daran war grundsätzlich neu. Hitler knüpfte an den im letzten Drittel des 19. Jahrhunderts in Europa verstärkt aufkommenden Rassismus und Antisemitismus an. Die ersten Rassentheorien waren Mitte des 19. Jahrhunderts entstanden. Der französische Graf Joseph Arthur de Gobineau (1816–1882) entwarf als Erster eine in sich geschlossene, wenn auch widersprüchliche Rassenlehre, auf die andere Autoren aufbauten. Besondere Bedeutung erlangte in der zweiten Hälfte des 19. Jahrhunderts der »Sozialdarwinismus«, der die Vorstellung Charles Darwins vom »Kampf um das Dasein« zum Überleben des Stärkeren und der rücksichtslosen Ausmerzung aller »minderwertigen« Lebewesen oder Rassen umdeutete. Der Brite Houston Stewart Chamberlain (1855–1927) wurde mit seinem Bestseller »Die Grundlagen des 19. Jahrhunderts« zum wichtigsten Repräsentanten des politischen Antisemitismus. Sein Schwiegervater Richard Wagner förderte ihn und die rassistische Szene und schrieb selbst antisemitische Essays (»Das Judentum in der Musik«). Wesentlich war das 1880 erstmals erschienene Buch »Die Judenfrage« des Sozialisten

Die Ursprünge des modernen Rassismus und Antisemitismus liegen im 19. Jahrhundert

Eugen Dühring (1833–1921), in dem er für »Ausnahmeverhalten und Ausnahmegesetzgebung« gegenüber Juden eintrat und bereits zahlreiche Forderungen der NSDAP vorwegnahm, wie die Nichtzulassung von Juden zum öffentlichen Dienst, insbesondere zur Justiz, die »Entjudung der Presse«, die gesellschaftliche Ächtung von »Mischehen«. Weite Verbreitung fand das 1907 erstmals erschienene »Handbuch der Judenfrage« von Theodor Fritsch. Der Ausspruch des Historikers Heinrich von Treitschke »Die Juden sind unser Unglück« entwickelte sich zum Leitmotiv. Seit den 1890er Jahren agierten antisemitische Vereine und Parteien, die die Rücknahme der vollständigen Emanzipation, die die Juden 1871 in Deutschland erreicht hatten, verlangten. Der Hofprediger der Hohenzollern, Adolf Stoecker, trat wirkungsvoll als gemäßigter Antisemit auf. Diese Strömungen blieben zwar im Kaiserreich eine Minderheit, doch ihre rassistischen Ideen drangen weit ins konservative Bürgertum ein.

Auch in der Wissenschaft machte sich rassistisches Denken breit. In Großbritannien entwickelte Sir Francis Galton eine Lehre der »sozialen Selektion« und gründete 1904 ein Forschungsinstitut für »National Eugenics«. Im gleichen Jahr wurde die Eugenik auch in Deutschland institutionalisiert durch die Gründung der wissen-

Hitler im Gefängnis Landsberg, 2. v. r. Rudolf Heß, 1924

»Es ist im übrigen die Aufgabe eines völkischen Staates, dafür zu sorgen, daß endlich eine Weltgeschichte geschrieben wird, in der die Rassenfrage zur dominierenden Stellung erhoben wird.«

(Aus: Adolf Hitler, »Mein Kampf«)

schaftlichen Zeitschrift »Archiv für Rassen- und Gesellschaftsbiologie«. Bald existierten in Deutschland über ein Dutzend bevölkerungspolitische, rassenhygienische und eugenische Vereinigungen – wie auch in anderen europäischen Ländern. 1923 wurde an der Universität München ein Lehrstuhl für Rassenhygiene eingerichtet. 1922 hatte Hans F. K. Günther die »Rassenkunde des deutschen Volkes« veröffentlicht, die seit 1933 zur Pflichtlektüre gehörte; 1930 wurde für ihn im nationalsozialistisch (mit)regierten Thüringen ein Lehrstuhl für Rassenhygiene eingerichtet. Hitler kam zu seiner Antrittsvorlesung.

Auch wenn Hitler keine eigene Weltanschauung entwickelt hat, wurden seine Ideen dennoch zu einer wirkungsvollen politischen Heilslehre. Mit entwaffnender Offenheit hat er seine Vorstellungen in »Mein Kampf« dargelegt. Hitler war ein durch und durch überzeugter Rassist und Antisemit. Antisemitismus, Antibolschewismus und Lebensraum bildeten die drei aufeinander bezogenen Kernelemente seiner Weltsicht, die ihn von seinen politischen Anfängen bis zu seinem Tod prägten. In »Mein Kampf« erklärte er – u.a. gestützt auf Gobineau und Chamberlain – die »Rassenfrage« nicht nur zum »Schlüssel zur Weltgeschichte, sondern auch zur menschlichen Kultur überhaupt«. Die »heiligste Pflicht« eines Volkes sei es, »dafür zu sorgen, daß das Blut rein erhalten« bleibe. Reinerhaltung der Rasse und Bekämpfung der Rassenmischung waren das zentrale Anliegen seiner Politik. Juden galten als der Gegenpol, die »Gegenrasse« zur »arischen« Rasse, als die Inkarnation des Bösen. Dahinter stand eine Verschwörungstheorie: Die Juden hätten sich, da sie ohne eigenen Staat waren, andere Völker als »Wirtsvölker« ausgesucht, um sie zu zersetzen und zu zerstören. Mit ihrer Kennzeichnung als »Parasiten«, »Schmarotzer«, »Bazillen« wurde die Hemmschwelle zum Mord im Kampf gegen diese »Volksseuche« herabgesetzt, auch wenn mit der »Entfernung des Juden«

zunächst nur ihre Vertreibung gemeint war. Wenn Hitler zudem postulierte, »alles Schwache werde nach einem gleichsam naturgesetzlichen Vorgang dem Starken zum Opfer fallen«, dann ebnete dies den Weg zu Ausgrenzung und Mord an Behinderten, unheilbar Kranken und »Asozialen«.

Im »Internationalismus« lag für Hitler der Hauptvorwurf gegen das Judentum, das er als Urheber aller internationalen Ideologien wie Freimaurerei, Pazifismus, Sozialismus und vor allem Marxismus und Bolschewismus brandmarkte. Sah Hitler schon in den europäischen Demokratien das Werk jüdischer Weltverschwörung, so bildeten für ihn Marxismus und Bolschewismus die gefährlichsten Angriffswaffen des Judentums. Der Bolschewismus diente mit der von ihm angestrebten internationalen Einheit und Herrschaft der Arbeiterklasse dem »Weltjudentum«, da die innere Spaltung der Völker und Rassen ihre Zerstörung nach sich zog. Die Begriffe »jüdisch« und »bolschewistisch« wurden zunehmend synonym verwendet. Im Bild vom jüdischen Bolschewismus verschmolzen Hitlers antisemitische und antimarxistische Obsessionen.

Erstausgabe von Hitlers »Mein Kampf«, München 1925

Hitlers Begriff von Rasse war eng verknüpft mit seiner Forderung nach »Lebensraum«. »Rasse« und »Raum« gehörten untrennbar zusammen. Sein Geschichtsverständnis wurde von sozialdarwinistischen Ideen geprägt: Den »Selbsterhaltungstrieb der Rassen und Völker« sah er als zentrales Prinzip der Geschichte. Individuen, Völker, Rassen und Staaten befanden sich danach in einem immerwährenden Kampf, in dem sich der Stärkere durchsetzt. Geschichte ist demnach Rassenkampf, in dem der Stärkere siegt. »Alles weltgeschichtliche Geschehen aber ist nur die Äußerung des Selbsterhaltungstriebes der Rassen in gutem oder schlechtem Sinne«, hieß es in »Mein Kampf«. Jede

Werbung für die Versammlung zur Wiedergründung der NSDAP am 27. Februar 1925

Vermischung der Rassen verstoße gegen die Natur und bedeute einen Grund für den Verfall. »Der Stärkere hat zu herrschen und sich nicht mit dem Schwächeren zu verschmelzen«, meinte Hitler. Erst durch die Eroberung von neuem »Lebensraum« sah er den Erhalt der Rasse gesichert und ihre »Höherentwicklung« ermöglicht. Innen- und Außenpolitik verschmolzen in diesem übergreifenden Rassenprogramm, dessen Mittel und Zweck der Krieg war. Die vollständige Revision des Versailler Vertrags interessierte ihn bald nicht mehr.
Er ging weit darüber hinaus. »Deutschland wird entweder Weltmacht oder überhaupt nicht sein«, schrieb er in »Mein Kampf«. In Großbritannien und Italien hoffte er auf Bündnispartner. Der Krieg sollte gegen den »Erbfeind« Frankreich und vor allem als Rassen- und Eroberungskrieg gegen die Sowjetunion geführt werden; denn dort vor allem sei der Bedarf an »neuem Grund und Boden« zu stillen.

Mit seinem während der Haftzeit verfassten Buch hatte Hitler einen doppelten Führungsanspruch innerhalb der Bewegung entwickelt. Er verstand sich nicht mehr nur als ihr »Trommler«, sondern auch als ihr maßgeblicher Programmatiker und beanspruchte die Rolle des uneingeschränkt herrschenden Führers. Aus dem gescheiterten Putsch hatte er die Lehre gezogen, die Macht nicht mehr gewaltsam erobern zu wollen, sondern sie formal innerhalb des bestehenden Systems zu erringen und dieses dann anschließend zu zerstören. Der Verfassungsbruch sollte sich im Gewande der Legalität vollziehen. Eine Doppelstrategie, die Hitler zum Biedermann und Brandstifter zugleich machte.

Aufstieg der NSDAP

Während der Haftzeit Hitlers waren die nationalsozialistischen und völkischen Richtungen zerstritten. Am

26. Februar 1925 gab Hitler im »Völkischen Beobachter« die Neugründung der Partei bekannt. Anderntags strömten im Münchner Bürgerbräu-Keller 3.000 Anhänger (weitere 2.000 fanden keinen Einlass mehr) zu einer Kundgebung zusammen. Der Wiederaufbau der Partei gestaltete sich nicht reibungslos, zumal in den Jahren der »relativen Konsolidierung« der Weimarer Republik die großen politischen Erfolge ausblieben. Der Führungsanspruch Hitlers wurde nicht wie selbstverständlich von allen akzeptiert. Eine zusätzliche Schwierigkeit war für ihn das Redeverbot, das die bayrische Regierung im Frühjahr 1925 verhängt hatte. Es wurde auf alle anderen Länder – mit Ausnahme Thüringens – ausgedehnt und galt bis 1927 (in Preußen bis 1928). In diesen Jahren herrschten starke ideologische Richtungskämpfe. Gregor Strasser, von 1925 bis 1930 Reichspropagandaleiter und danach Reichsorganisationsleiter, entwickelte sich zum mächtigsten Mann nach Hitler. Gemeinsam mit seinem Bruder Otto vertrat er völkisch-sozialistische Gedanken und propagierte einen nationalen Sozialismus. Strassers Machtbasis bildete die von ihm geführte »Arbeitsgemeinschaft« der nordwestdeutschen Gaue. Dort zählte zu den Wortführern der Strasser-Gruppe Dr. Joseph Goebbels, der in Rheydt geborene Geschäftsführer des Gaues Rheinland-Nord. Auf einer Parteiversammlung in Bamberg im Februar 1926 konnte Hitler Strasser in die Schranken weisen. Hitler verstand es, diese »linken Nationalsozialisten« einzubinden: Strasser erhielt seine hohen Parteiämter und Goebbels entwickelte sich nach seiner Berufung zum Gauleiter von Berlin 1926 zum glühendsten Hitler-Verehrer.

Innerparteiliche Gegner wurden von Hitler nach Möglichkeit vereinnahmt

Gregor Strasser, 1933

Ungeachtet aller Auseinandersetzungen wurde innerhalb weniger Jahre ein wirkungsvoller Parteiapparat mit einem engmaschigen Netz an Organisationen und Gliederungen aufgebaut. Die NSDAP war bereits 1925 in Gaue und Ortsgruppen gegliedert. Schon 1925 entstanden 607 Ortsgruppen. 1928 wurden die

Rascher Aufstieg der NSDAP-Organisation schon vor 1933

25 NSDAP-Gaue außerhalb Bayerns den Reichstagswahlkreisen angeglichen. Das organisatorische Netz wurde immer dichter. Zwischen 1925 und 1928 vervierfachte sich die Mitgliederzahl. Die NSDAP zählte bis Ende 1925 27.000 Mitglieder, bis zur Reichstagswahl im Juli 1930 waren es 129.563 und im Januar 1933 849.009. Es hat jedoch Jahre gedauert, den Anspruch der Münchner Zentrale bis in die letzte Parteigruppe und -gliederung durchzusetzen, insbesondere die Zahlungen an die Zentrale blieben lange ein Streitpunkt.

Neben der eigentlichen Parteiorganisation wurden zahlreiche »Gliederungen« und »angeschlossene Verbände« für berufsständische, wirtschaftlich-soziale und alterspezifische Gruppierungen aufgebaut. Die paramilitärische Organisation der Sturmabteilungen (SA) war während der Haftzeit Hitlers in einem von Ernst Röhm gegründeten »Frontbann« aufgegangen, den dieser zwar Hitler unterstellen, aber als selbstständige Wehrorganisation erhalten und nicht in die NSDAP eingliedern wollte. Darauf wollte sich Hitler nicht einlassen. Enttäuscht schied Röhm im April 1925 als Kommandeur aus und ging 1928 als Militärberater nach Bolivien. Erst 1926 folgte der Neuaufbau der SA unter Franz Pfeffer von Salomon, einem ehemaligen Hauptmann. Nach dessen Bruch mit Hitler ernannte sich dieser selbst zum Obersten SA-Führer und holte 1931 seinen Duz-Freund Röhm aus Südamerika als Stabschef der SA zurück. Die paramilitärische und braun uniformierte Truppe – die »Braunhemden« – schützte Parteiveranstaltungen, nahm an Aufmärschen und Propagandaaktionen der Partei teil und wollte mit brutalem Terror gegenüber politischen Gegnern (vor allem gegenüber der KPD) die »Eroberung der Straße« erreichen. Anfang 1932 wurden bereits rund 420.000 Mitglieder gezählt, unter ihnen viele junge Arbeitslose, die eine politische und private Perspektive suchten. Der SA bzw. dem Obersten SA-Führer unterstellt waren die 1925 gegründeten Schutzstaffeln (SS), die

Lastwagen mit SA-Männern beim Reichstagswahlkampf in Berlin, 1930

zunächst dem persönlichen Schutz Hitlers dienten. Im Januar 1929 wurde Heinrich Himmler zum »Reichsführer SS« berufen. Die Elitetruppe fühlte sich dem »Führer« besonders verpflichtet und geriet bald in Konkurrenz zur SA. Bis zur Machtübernahme zählte die SS 56.000 Mitglieder.

Das Führerprinzip setzte sich durch, demokratische Relikte wurden aufgegeben: Hitler besetzte fortan die Parteiämter vom Gauleiter bis zum Ortsgruppenleiter. Alle Parteigenossen (»PG«) hatten sich mit »Heil Hitler« zu begrüßen, die Jugendorganisation wurde nach ihm benannt.

Die Nationalsozialistische Betriebszellenorganisation (NSBO) entstand 1928 und hatte Ende 1932 300.000 bis 400.000 Mitglieder, vermochte aber die Macht der Gewerkschaften nicht zu brechen. Der »Agrarpolitische Apparat der NSDAP«, ab 1930 von Richard Walther Darré aufgebaut, konnte bereits 1932 im Reichslandbund entscheidenden Einfluss ausüben. Die »Hitler-Jugend« wurde 1926 gegründet und war zunächst der SA unterstellt. Ab 1931 wurde sie vom neu ernannten »Reichsjugendführer der NSDAP« Baldur von Schirach, der bis dahin Führer des NS-Studentenbundes gewesen war, geleitet; ihr gehörten bis Ende 1932 108.000 Mitglieder an. Die seit 1926 bestehenden »Schwesternschaften« wurden 1930 in »Bund Deutscher Mädel« umbenannt und der HJ unterstellt. Besonders wirkungsvoll arbeitete der 1925 gegründete

Abzeichen verschiedener Parteiorganisationen
NSV – Nationalsozialistische Volkswohlfahrt
DAF – Deutsche Arbeitsfront
NSKOV – Nationalsozialistische Kriegsopferversorgung

Nationalsozialistische Deutsche Studentenbund (NSDStB), der bereits 1928/29 erstmals an den Universitäten Erlangen und Greifswald die absolute Mehrheit stellte; eines seiner Mitglieder wurde 1931 Vorsitzender der deutschen Studentenschaft.

In diesen Jahren wurden zahlreiche weitere berufsständische und wirtschaftlich-soziale Gliederungen und Verbände gegründet: Kampfbund für deutsche Kultur (1927), Bund NS-Deutscher Juristen (1928; ab 1936 NS-Rechtswahrerbund), NS-Deutscher Ärztebund (1929), NS-Lehrerbund (1929), NS-Schülerbund (1929), NS-Kriegsopferversorgung (1930), NS-Frauenschaft (1931), NS-Kraftfahrkorps (1931), Kampfbund Deutscher Architekten und Ingenieure (1932), NS-Beamtenbund (1932), Kampfbund für den gewerblichen Mittelstand (1932), Nationalsozialistische Volkswohlfahrt (1932). Zudem wurden in der Parteizentrale regierungsähnliche »Ämter« für Außenpolitik, Presse, Politik in den Betrieben, Agrarpolitik, Wirtschaft, Innenpolitik, Rechtsfragen, Technik und Arbeitspolitik eingerichtet. Ein Pressekonzern konnte aufgebaut werden, der Zeitungen und Zeitschriften in einer beachtlichen Auflage publizierte.

Der NSDAP gelang es, innerhalb weniger Jahre nicht nur eine weit gefächerte Parteiorganisation aufzubauen, sondern auch ein eigenes Milieu zu schaffen und eine bemerkenswerte Dynamik zu erzeugen. Dazu diente vor allem die Propaganda. Hierin – und nicht in ihrer Ideologie – bestand die Originalität der NSDAP und war sie den anderen Parteien deutlich überlegen. Reichspropagandaleiter war zunächst von 1925 bis 1930 Gregor Strasser, mit Heinrich Himmler als Stellvertreter, und seit 1930 Joseph Goebbels. Die NSDAP vermittelte den Eindruck einer rastlosen, kraftstrotzenden und jungen Bewegung, der die Zukunft gehörte. Die ständige Mobilisierung der Anhänger gehörte schon in den Jahren der Weimarer Republik zu den zentralen Wesenszügen der Partei und zählte danach zur entscheidenden Herrschaftstechnik im NS-Staat. Die häufigen Wahlkämpfe zum Reichstag und zu den Landtagen ließen die Wahlkampfmaschine der NSDAP permanent auf Hochtouren laufen. Kundgebungen hielten die Nationalsozialisten zudem auch außerhalb der Wahlkampfzeiten ab. Sie waren nicht zuletzt eine wichtige Einnahmequelle: Es wurden Eintrittsgelder erhoben und Spenden gesammelt. Die Partei finanzierte sich in einem erheblichen Maße selbst. Die Inszenierungen der Veranstaltungen waren schon früh genauestens geregelt.

Die NSDAP entwickelte moderne Wahlkampfmethoden

Hitler war der Hauptredner, der schon vor 1933 die Massen anzog. Modernste Technik wurde eingesetzt. In den vier Wahlkämpfen des Jahres 1932 wurde für Hitler ein Flugzeug gechartert: »Adolf Hitler über Deutschland«. Hitler konnte damit an einem Tag auf mehreren Großkundgebungen auftreten und bewies damit eine bis dahin unbekannte Omnipräsenz. Ohnehin vermochte Hitler seine zweifellos vorhandene charismatische Ausstrahlung auch deswegen so wirkungsvoll zu entfalten, weil er in diesem Punkt konkurrenzlos war und praktisch in einem Vakuum, in einem völligen Neuland wirkte. Die Weimarer Republik hat – von Hitler einmal abgesehen – nicht eine charismatische Politikergestalt hervorgebracht. Selbst Spitzenpolitiker wie die Reichskanzler Wilhelm Marx, Hermann Müller, Heinrich Brüning und Kurt von Schleicher besaßen nicht den Ansatz eines massenwirksamen Charismas, sondern eher die Ausstrahlung von oberen Finanzbeamten. Hitler vertrat hier eher den Typ des modernen Politikers, der wesentlich über seine Person die Leute für sich und seine Sache zu gewinnen sucht. Ähnlich verhält es sich in anderen Bereichen: Seine Wirkung und seine Macht entfaltete der Nationalsozialismus nicht allein durch eigene Stärke,

Wahlkampf der NSDAP in Wien, 1932

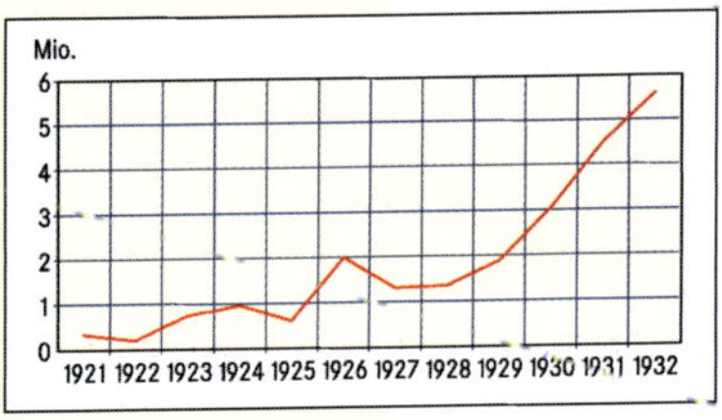

Arbeitslosigkeit im Deutschen Reich 1921 bis 1932

sondern auch ganz wesentlich durch die Schwäche seiner Gegner.

Schon vor Ausbruch der Weltwirtschaftskrise war der NSDAP der Aufbau ihrer Organisation gelungen, und sie hatte auch erste Wahlerfolge errungen. Doch der politische Durchbruch gelang ihr erst nach der Weltwirtschaftskrise, die mit dem New Yorker Börsenkrach am 24. Oktober 1929, dem »Schwarzen Freitag«, begann. Es folgten spektakuläre Zusammenbrüche großer Banken und Unternehmungen. Tausende Konkurse ließen die Industrieproduktion zwischen 1929 und 1932 um 40 Prozent absacken, und um 39 Prozent sank im gleichen Zeitraum das Volkseinkommen. Reichsweit stieg die Zahl der Erwerbslosen von 1,3 Millionen im September 1929 auf über drei Millionen im September 1930 und im Winter 1931/32 auf den Höchststand von 6,128 Millionen. Zählt man die nicht gemeldeten Arbeitslosen hinzu, war ein Drittel der Bevölkerung erwerbslos und berücksichtigt man zusätzlich die Familienangehörigen, waren rund 23 Millionen Menschen von der Arbeitslosigkeit betroffen.

Hohe Arbeitslosigkeit gefährdete die soziale und politische Stabilität

Die sozialen Leistungen für die Erwerbslosen waren in der Weimarer Republik bedeutend schwächer als in der Bundesrepublik. Vor allem stellte sich die Gruppe der Erwerbslosen keineswegs einheitlich dar. Es gab drei Stufen des sozialen Abstiegs: Arbeitslosenunterstützung, Krisenunterstützung, Wohlfahrtsunterstützung. Die Zahl der Erwerbslosen, die Arbeitslosenunterstützung erhielten, verringerte sich im Laufe der Krise zunehmend: Im Herbst 1931 kamen auf einen Krisenunterstützten drei Arbeitslosenunterstützte, während ein knappes Jahr zuvor das Verhältnis noch umgekehrt war. Im Frühjahr 1933 erhielten noch 900.000 von sechs Millionen Erwerbslosen Arbeitslosenhilfe. Die aus den beiden ersten Kategorien »Ausgesteuerten« wurden als »Wohlfahrtserwerbslose«

bezeichnet, die von der Wohlfahrt leben mussten. Die Wohlfahrtssätze wurden von 1929 bis 1932 um durchschnittlich ein Drittel gesenkt. Damit lebten sehr viele Menschen nunmehr unter dem Existenzminimum. Betroffen waren aber nicht nur diejenigen, die ihre Arbeit verloren. Schon die Angst vor dem Verlust des Arbeitsplatzes hatte gravierende negative sozialpsychologische Auswirkungen. Zudem sanken Löhne und Gehälter erheblich, zum Teil auch durch Kurzarbeit oder Arbeitszeitverkürzung und infolge der Notverordnungen von Reichskanzler Heinrich Brüning.

Zwar lässt sich der Aufstieg der NSDAP nicht monokausal auf die Massenarbeitslosigkeit zurückführen, doch die Weltwirtschaftskrise und ihre Folgen verliehen der NSDAP Flügel. Bei den Reichstagswahlen im Juli 1930 errang sie einen Erdrutschsieg (von 2,6 auf 18,3 Prozent): Die Anzahl der Abgeordneten schnellte von 12 auf 107 hoch. Eine Regierungsmehrheit war im Reichstag nicht vorhanden, Reichskanzler Brüning daher auf eine Tolerierung durch die Sozialdemokraten angewiesen. Der Wirtschaftskrise folgte die Krise des Parteienstaates. Immer häufiger erfolgte der Rückgriff auf Notverordnungen, die der Reichspräsident ohne Mitwirkung der gewählten Volksvertreter erlassen konnte. Das Parlament verlor zunehmend an Bedeutung; während es 1930 noch 94 Sitzungstage abhielt und bereits im folgenden Jahr nur noch 42, sank die Anzahl 1932 auf 13 Sitzungstage. Im Januar 1930 beteiligte sich die NSDAP zum ersten Mal an einer Landesregierung: In Thüringen wurde der Nationalsozialist Wilhelm Frick Innen- und Volksbildungsminister. Bis 1932 folgt der Eintritt von Nationalsozialisten in die Regierungen von Anhalt, Braunschweig, Mecklenburg und Oldenburg. Bei den beiden Wahlen 1932 wurde die NSDAP mit deutlichem Abstand stärkste Partei.

Wartende Menge von Arbeitslosen auf dem Weg zum »Stempeln« im Arbeitsamt Hannover, um 1930

Mitglieder und Wähler der NSDAP

Die NSDAP als Volkspartei mit »Mittelstandsbauch«

Woher kamen nun die Mitglieder und die Wähler der NSDAP? Nach der Struktur ihrer Mitglieder und Wähler/innen war die NSDAP die erste große Volkspartei in Deutschland, eine Volkspartei mit »Mittelstandsbauch« (Jürgen W. Falter). Sie war eine Massenpartei, und eine Partei des alten und neuen Mittelstandes. In den Jahren bis zur Machtübernahme waren in der Partei Angehörige der unteren Mittelschicht wie Handwerker und Kaufleute, Angestellte und kleine Beamte sowie Angehörige freier Berufe prozentual fast doppelt so stark vertreten wie in der Bevölkerung insgesamt. Dies galt ebenso für die Elite. Doch auch die Gruppe der Arbeiter war mit einem Anteil von 28,1 Prozent in der Mitgliedschaft vergleichsweise groß und stieg bis 1933 auf ein Drittel. Ihr Anteil an der Gesamtbevölkerung war zwar fast doppelt so hoch, doch mit Ausnahme von SPD und KPD hatte keine andere Partei so viele Arbeiter gewinnen können. Die NSDAP war damit zur drittstärksten »Arbeiterpartei« geworden. Vor allem zog sie Arbeitslose und Arbeiter an, die im öffentlichen Sektor bei Verkehrs- und anderen Versorgungsbetrieben tätig waren oder die in Betrieben arbeiteten, in denen die Gewerkschaften keinen Einfluss hatten. Die zumeist gewerkschaftlich gebundenen industriellen Facharbeiter hatte die NSDAP nicht erreichen können.

Ergebnisse der Reichstagswahlen von 1920 bis 1933

RT-Wahl	6.6. 1920	4.5. 1924	7.12. 1924	20.5. 1928	14.9. 1930	31.7. 1932	6.11. 1932	5.3. 1933
Zentrum	13,6	13,4	13,6	12,1	11,8	12,5	11,9	11,2
SPD	21,7	20,5	26,0	29,8	24,5	21,6	20,4	18,3
KPD	2,1	12,6	9,0	10,6	13,1	14,3	16,9	12,3
NSDAP	–	6,5*	3,0*	2,6	18,3	37,3	33,1	43,9
DNVP	15,1	19,5	20,5	14,2	7,0	5,9	8,3	8,0
DVP	13,9	9,2	10,1	8,7	4,5	1,2	1,9	1,1
DDP	8,3	5,7	6,3	4,9	3,8	1,0	1,0	0,9

* Bei den Reichstagswahlen von 1924 kandidierte anstelle der verbotenen NSDAP die Nationalsozialistische Freiheitsbewegung.

Mehr als die Hälfte der Parteimitglieder waren Arbeiter und Angestellte, also Arbeitnehmer.

Die NSDAP war nicht nur in ihrem Auftritt und ihren Propagandamethoden eine moderne Partei, sie war nicht zuletzt auch eine »junge« Partei, ganz im Unterschied zu fast allen anderen Parteien - mit Ausnahme der KPD. Mit HJ, Studenten- und Schülerbund versuchte sie, junge Leute zu erreichen, aber wohl auch mit der SA. Ihre öffentlich wirkenden Funktionäre waren vergleichsweise jung: 1930 waren 36,8 Prozent der Mitglieder und 26,2 Prozent der Führungsgruppe der NSDAP 30 Jahre und jünger, fast 70 Prozent der Mitglieder unter 40 Jahren alt. Der Anteil der Frauen unter den Parteimitgliedern blieb stets sehr gering (von 1925 bis 1932 nur 7,8 Prozent der Neuzugänge).

Die NSDAP war und blieb ein Männerbund. Nach einer langlebigen Legende verdankte die NSDAP ihren Aufstieg vor allem den Frauen, die bereits früh deutlich stärker als Männer nationalsozialistisch gewählt hätten. Tatsächlich wählten Frauen bis 1930 etwas weniger und danach bis 1933 etwas mehr als Männer NSDAP. Ähnlich wie die Mitglieder stammten auch die Wähler aus allen Schichten. Die NSDAP-Wählerstruktur blieb erstaunlich stabil. Nach 1930 änderte sich die soziale Herkunft der NSDAP-Wähler nicht sonderlich. Der Schwerpunkt lag mit rund 40 Prozent aller Wähler bei der Mittelschicht. Jedoch war die NSDAP keine Mittelschichtpartei, denn mit rund einem Viertel waren die Arbeiter- ähnlich wie in der Mitgliedschaft der Partei - in der Wählerschaft der NSDAP stark vertreten, auch wenn sie damit bezogen auf die Gesamtbevölkerung unterrepräsentiert waren. Die stabilste Komponente der NS-Wählerschaft bildeten zwischen 1924 und 1932 die kleinen Landwirte, Kaufleute und selbstständigen Handwerker der alten Mittelschicht. Keine Berufsgruppe dominierte eindeutig. Die NSDAP sprach als sozial ausgeglichen zusammengesetzte Partei mit ihrem radikalen Protest alle sozialen Schichten an. Sie war stärker

Die Wählerstruktur der NSDAP: Als radikale Protestpartei sprach sie alle sozialen Schichten an

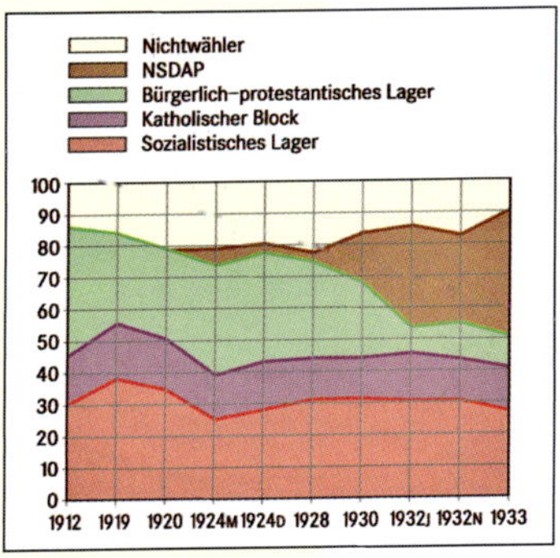

Die Entwicklung der politischen Lager zwischen 1912 und 1933 (nach Jürgen W. Falter, Hitlers Wähler, München 1991, S. 102)

als jede andere Partei der damaligen Zeit Volkspartei, eine »Volkspartei des Protests« (Jürgen W. Falter).

Konfessionell und regional gesehen, lässt sich sagen: Es unterstützten weit mehr Protestanten als Katholiken, mehr Norddeutsche als Süddeutsche, mehr Kleinstädter als Großstädter die NSDAP. Ihre größten Erfolge erzielte sie nach 1928 in agrarischen Regionen mit evangelischer Bevölkerungsmehrheit und in überwiegend protestantischen Kleingemeinden, während sie in Agrargebieten und Gemeinden mit hohem katholischem Anteil deutlich schwächer blieb. Parteipolitisch betrachtet kam die deutliche Mehrheit der NS-Wähler aus den Mittel- oder Rechtsparteien, wie Deutschnationale Volkspartei (DNVP) und Deutsche Volkspartei (DVP), die in den Wahlen bis 1933 geradezu aufgesaugt wurden. Aber auch das Zentrum, SPD und KPD verloren einige Prozentpunkte an die NSDAP, blieben jedoch insgesamt recht stabil. Das sozialistische und das katholische Lager zeigten die »höchsten Haltequoten«, während das bürgerlich-protestantische Lager nach 1924 nur noch eine »relativ geringe Bindewirkung« (Jürgen W. Falter) ausübte. Nicht zuletzt verstand es die NSDAP, Nichtwähler zu mobilisieren.

Ihre Erfolge verzeichnete die NSDAP nicht dort, wo materielle Verelendung bereits um sich gegriffen hatte, sondern dort, wo die Angst vor dem sozialen Abstieg grassierte. Während die Kommunisten überproportional hohe Zugewinne in den Gebieten mit der höchsten Arbeitslosigkeit erzielten, erreichten die Nationalsozialisten ihre Wahlerfolge nicht in den von Massenarbeitslosigkeit geprägten Großstädten, sondern in agrarisch und kleingewerblich geprägten Gebieten. Panik und Protest drängten die Menschen in eine Partei, die eine grundlegende Erneuerung versprach.

Von der Stagnation zur Machtübernahme

1932 erreichte die NSDAP ihren Zenit bei Wahlen. Bei der Reichspräsidentenwahl im April holte Hitler, der erst kurz zuvor über die Landesregierung von Braunschweig die deutsche Staatsangehörigkeit erhalten hatte, 36,8 Prozent gegen Hindenburg, hinter dem sich zähneknirschend alle demokratischen Kräfte versammelt hatten, um Hitler zu verhindern (KPD-Kandidat Thälmann kam auf 10,2 Prozent). Hindenburg fühlte sich von den falschen Leuten gewählt. Trotz des beachtlichen Ergebnisses konnte Hitler nicht wirklich zufrieden sein: Er war weit entfernt von einer Mehrheit.

Nach dem Sturz Brünings ernannte Hindenburg am 1. Juni 1932 Franz von Papen, bis dahin Mitglied des Zentrums, zum Kanzler eines Präsidialkabinetts. Das im April 1932 erlassene SA-Verbot ließ dieser sofort wieder aufheben. Wie es um den Zustand der Weimarer Republik bestellt war, offenbarte vor allem der »Preußenschlag« vom 20. Juli 1932: Nach den Landtagswahlen in Preußen im April 1932 hatte es keine parlamentarische Mehrheit für eine neue Regierung gegeben, woraufhin die bisherige Regierung von SPD, Zentrum und Deutscher Staatspartei unter dem sozialdemokratischen Ministerpräsidenten Otto Braun geschäftsführend im Amt blieb. Mittels eines Staatsstreichs setzte Papen am 20. Juli 1932 die Regierung Braun ab und sich selbst als Staatskommissar ein. Preußen, das letzte Bollwerk der Republik, war damit ausgeschaltet. Es zeigte sich, wie ohnmächtig die Gegner der Nationalsozialisten waren. Bereits jetzt wurden zahlreiche hohe Beamte, Regierungspräsidenten und Polizeipräsidenten entlassen. Die Polizei wurde auf dem rechten Auge blind, was die Machtübernahme der Nationalsozialisten ein halbes Jahr später deutlich erleichtern sollte.

Der »Preußenschlag« vom 20. Juli 1932 schaltete das letzte Bollwerk der Demokratie aus

Nach dem Sieg bei den Reichstagswahlen am 31. Juli 1932, bei denen die NSDAP mit 36,9 Prozent die mit Abstand stärkste Partei geworden war, beanspruchte

Hitler das Amt des Reichskanzlers, holte sich aber bei Hindenburg eine Abfuhr, der ihm eine Beteiligung an der Regierung Papen anbot, jedoch die Kanzlerschaft mit den bemerkenswerten Worten verweigerte, er könne es »vor Gott, seinem Gewissen und seinem Vaterlande nicht verantworten, einer Partei die gesamte Regierungsgewalt zu übertragen, noch dazu einer Partei, die einseitig gegen Andersdenkende eingestellt sei«.

In diesen Wochen und Monaten unterlagen bürgerlich-konservative Politiker bis hin zum Zentrum einer fatalen Fehleinschätzung und vertraten das »Zähmungskonzept«: Man wollte die NSDAP an der Regierung als Juniorpartner beteiligen, der sich dann von seinen radikalen Elementen wie der SA zu trennen hätte und sich durch Regierungsbeteiligung abnutzen würde. Damit verkannte man die Gefährlichkeit der Nationalsozialisten grundlegend. Tatsächlich glaubten viele konservativ-bürgerliche Politiker, in wichtigen politischen Grundüberzeugungen mit den Nationalsozialisten übereinzustimmen: in der Ablehnung der Weimarer Republik, von Demokratie und Parteienstaat und der Rolle der Gewerkschaften. Sie sahen, geprägt von einer langen Tradition antidemokratischen Denkens, in den Nationalsozialisten nicht eine Bedrohung, sondern einen Bündnispartner gleicher Grundüberzeugungen, der als eine »junge« Bewegung allenfalls etwas zu radikal und schroff auftrat.

Wahlplakat der NSDAP, 1932

Die Reichstagswahl vom 6. November 1932 alarmierte die führenden Nationalsozialisten: Zum ersten Mal sank ihr Stimmenanteil bei Wahlen. Im Vergleich zur Wahl vom 31. Juli fiel sie von 37,3 auf 33,1 Prozent und verlor zwei Millionen Wähler. Am 23. November lehnte Hindenburg es abermals ab, Hitler zum Reichskanzler zu ernennen. Er mochte – nicht ohne Standesdünkel – den »böhmischen Gefreiten« nicht. Die NSDAP befand sich in einer Sackgasse. Goebbels' Befürchtung vom Frühjahr 1932 hatte sich bestätigt: »Jetzt muß irgend etwas geschehen. Wir müssen in absehbarer

Zeit an die Macht kommen. Sonst siegen wir uns in Wahlen tot.«

Strasser, aber wohl auch Göring und Goebbels drängten auf eine Beteiligung an einer Regierung, was Hitler strikt ablehnte. Er sah die Chance für sich und die NSDAP nur in einer von ihm geführten Regierung. Für Hitler entstand eine brenzlige Situation. Strasser hatte mit General Kurt von Schleicher, der Papen im Dezember 1932 als Reichskanzler ablöste, intensive Gespräche über eine Regierungsbeteiligung von Nationalsozialisten geführt und nach der Weigerung Hitlers am 8. Dezember 1932 seinen Rücktritt von allen Ämtern erklärt, um den vergeblichen Versuch zu starten, einen »linken« Flügel der NSDAP abzuspalten.

So wenig wie der Nationalsozialismus die logische Konsequenz aus der deutschen Geschichte darstellt, so wenig zwangsläufig mündete der Weg der NSDAP in die Machtübernahme 1933. Bis zuletzt gab es noch andere Möglichkeiten und Optionen. Eigentlich war mit der Wahl zum Reichstag im November 1932 erkennbar der Zenit der Nationalsozialisten überschritten; Unruhe und Enttäuschung hatten sich in der Partei bereits ausgebreitet. Um die Jahreswende konnte man in Jahresrückblicken der Zeitungen einen Abgesang auf die Nationalsozialisten lesen: »Nazis besiegt!«. In der Neujahrsausgabe des »Simplicissimus« hieß es:

»Eins nur lässt sich sicher sagen,
und das freut uns rundherum:
Hitler geht es an den Kragen.
Dieses Führers Zeit ist um.«

»Abgerutscht! Rapide nähert sich Adolf dem Gipfel der Macht!« Karikatur in der Rheinischen Zeitung vom 27.11.1932: Am 13.8. und 23.11.1932 lehnte Reichspräsident Hindenburg es ab, Hitler zum Reichskanzler zu ernennen; am 6.11.1932 fand die Reichstagswahl statt.

Ein Geheimgespräch zwischen Hitler und Papen am 4. Januar 1933 in Köln brachte die überraschende Wende. Papen erklärte sich mit der Kanzlerschaft Hitlers einverstanden. Erörtert wurde vor allem, wie hinter den Kulissen die anhaltenden Widerstände von Hindenburg überwunden werden konnten. Und dies gelang!

Machtübernahme und Gleichschaltung

Die Ernennung Hitlers zum Reichskanzler am 30. Januar 1933 war formal ein völlig legaler Akt, auch wenn Hitler nie einen Zweifel hat aufkommen lassen, dass er diese Republik zerstören wollte. Sein Kabinett war wie die Vorgängerregierungen ein Präsidialkabinett, d.h. aufgrund der Machtbefugnisse des Reichspräsidenten eingesetzt, es verfügte jedoch ironischerweise erstmals wieder seit der Kanzlerschaft Brünings über eine breite parlamentarische Mehrheit – genau das allerdings interessierte am wenigsten. Als »Regierung der nationalen Konzentration«, als »nationale Erhebung« und nicht als nationalsozialistische Revolution in Szene gesetzt, schien dieser Regierungswechsel vordergründig die Kalkulation der »Zähmungsstrategen« zu bestätigen: Neben Hitler gehörten mit Frick als Innenminister und Hermann Göring als Reichsminister ohne Geschäftsbereich – der aber zugleich kommissarischer

Hitler am Fenster der Reichskanzlei am Abend des 30. Januar 1933

preußischer Innenminister war – nur zwei Nationalsozialisten dem Kabinett an, »eingerahmt« von sieben konservativ-deutschnationalen Politikern, wie Papen als Vizekanzler und dem DNVP-Vorsitzenden Alfred Hugenberg als Superminister für Wirtschaft und Landwirtschaft sowie vier Fachleuten des früheren Kabinetts Papens. Franz Seldte, der Führer des antirepublikanischen Verbandes »Stahlhelm – Bund der Frontsoldaten« wurde Arbeitsminister. Papen meinte denn auch: »Wir haben ihn uns engagiert« und drückte aus, was damals sicherlich viele dachten: »In zwei Monaten haben wir Hitler in die Ecke gedrückt, dass er quietscht.« Eine fatale Fehleinschätzung, wie sich bald zeigen sollte. Die Nationalsozialisten hatten im Reich mit Frick und in Preußen mit Göring als Innenminister Schlüsselfunktionen besetzen können.

Eine Gegenwehr gegen die Regierung Hitler formierte sich nicht

Wer sollte Gegenwehr gegen die Regierung Hitler leisten? Die Parteien rechts vom Zentrum waren an der Regierung beteiligt oder begrüßten sie, während das Zentrum sich vergeblich um eine Regierungsbeteiligung bemühte. Die beiden Arbeiterparteien SPD und KPD vermochten aufgrund ihrer Spaltung keine einheitliche und machtvolle Gegenwehr zu leisten. In weiten Teilen der SPD und der KPD unterlag man ohnehin dem Trugschluss, dass der ganze Nazi-Spuk bald vorbei sein würde. Junge SPD- und Reichsbanner-Mitglieder hatten vergeblich auf ein Signal der Partei- und Gewerkschaftsleitung zum aktiven Kampf und Massenstreik gewartet. Deren Ohnmacht war spätestens beim »Preußenschlag« offenbar geworden. Er hatte ihnen das Rückgrat gebrochen. Sie versuchten, mit einem strikten Legalitätskurs zu überwintern. Das Weltbild der Kommunisten war ohnehin weit davon entfernt, die Realitäten abzubilden. Für sie war das faschistische System bereits 1930 installiert worden und die Regierung Hitler nur dessen Verschärfung; in den Sozialdemokraten sahen die Kommunisten ihre Hauptgegner, die sie als »Sozialfaschisten« beschimpften. Eine machtvolle »Einheitsfront«, die Ausrufung eines Generalstreiks gegen die neue Regierung Hitler war so nicht möglich.

Tief greifende Machtdurchsetzung

In den nächsten Wochen und Monaten forcierten die Nationalsozialisten atemberaubend schnell und tief greifend die Durchsetzung ihrer Macht. Sie inszenierten einerseits einen dynamischen Aufbruch und überzogen andererseits das Land mit brutalem Terror. Der Wahlkampf zu den von Hitler durchgesetzten Neuwahlen sollte nicht wie die vorherigen werden; es wurde der letzte. Politische Straßenkämpfe und Morde gehörten bereits in der Endphase der Weimarer Republik zum Alltagsbild. Doch wurde nun eine neue Qualität erreicht: Der braune Terror wurde zum Staatsterror. Die Nationalsozialisten machten wahr, was sie immer gesagt hatten: Kaum an die Macht gekommen, »rechneten« sie mit ihren politischen Gegnern ab. Kommunisten und Sozialdemokraten wurden zusammengeschlagen und gefangen gesetzt; Juden verunglimpft und bedroht.

Schutzpolizist und »Hilfspolizist«, 1933

Schon in den ersten Februartagen 1933 wurden Notverordnungen erlassen, die die Tätigkeit anderer Parteien und der Presse behinderten und es gestatteten, Personen drei Monate inhaftiert zu halten, ohne dass dagegen Rechtsmittel eingelegt werden konnten. Göring nutzte seine Schlüsselrolle als kommissarischer preußischer Innenminister. Bereits am 17. Februar 1933 forderte er in seinem »Schießerlass« die Polizei auf, die »nationalen Verbände« (SA, SS und Stahlhelm) »mit allen Kräften zu unterstützen«. Es sei »rücksichtslos von der Waffe Gebrauch zu machen«. Und mehr noch: »Polizeibeamte, die in Ausübung dieser Pflichten von der Schusswaffe Gebrauch machen, werden ohne Rücksicht auf die Folgen des Schusswaffengebrauchs von mir gedeckt.« Am 22. Februar 1933 machte Göring SA, SS und Stahlhelm zur »Hilfspolizei« – in ganz Preußen ca. 50.000 Mann. Die Schupos gingen nun zusammen mit SA-Schlägern auf die Gegner los und führten Hausdurchsuchungen durch. Die »Säuberung« von Staat und Gesellschaft begann.

Der Reichstagsbrand wurde propagandistisch ausgenutzt

Wie ein »Geschenk des Himmels« – so Goebbels in seinem Tagebuch – wurde der Reichstagsbrand in der Nacht vom 27. auf den 28. Februar 1933 genutzt. Wie es zum Ausbruch des Brandes kam, war bereits unter den Zeitgenossen und lange Zeit in der Forschung lebhaft umstritten: Doch der holländische Anarchist Marinus van der Lubbe war wohl der alleinige Täter. Kurzerhand wurde der Brand als ein kommunistischer Umsturzversuch dargestellt. Noch in derselben Nacht fand eine Verhaftungswelle statt. Bereits am 28. Februar 1933 erließ die Regierung die Verordnung des Reichspräsidenten »Zum Schutz von Volk und Staat«. Mit ihr wurden alle wesentlichen Grundrechte der Weimarer Verfassung außer Kraft gesetzt: die Presse-, Vereins- und Versammlungsfreiheit, die Unverletzlichkeit des Brief-, Post- und Fernsprechgeheimnisses, der Schutz der Wohnung bei Hausdurchsuchungen und die Freiheit der Person. Es wurde die »Schutzhaft« eingeführt, die ein zentrales Element bei der Verfolgung der Gegner in der gesamten NS-Zeit werden sollte. Sie gestattete es, Personen ohne richterliche Kontrolle unbefristet zu inhaftieren, womit die Notverordnung vom 4. Februar 1933, die es der Polizei erlaubte, Personen für drei Monate festzuhalten, aufgehoben war. Die Gleichschaltung der Länder wurde durch Paragraph 2 der Verordnung vorbereitet, der den Reichsinnenminister ermächtigte, in die Souveränität der Länder einzugreifen, wenn diese »die zur Wiederherstellung der

NSDAP-Plakat zu den Reichstags- und Landtagswahlen am 5. März 1933

öffentlichen Sicherheit und Ordnung nötigen Maßnahmen« nicht ergreifen würden. Man hat daher die »Reichstagsbrandverordnung« als das »Grundgesetz des Dritten Reiches« (Ernst Fraenkel) bezeichnet.

Sie wurde von den Nationalsozialisten für die Durchsetzung ihrer brutalen Diktatur wie kaum etwas anderes genutzt. Es begann die Zeit des offenen Terrors und der Massenverhaftungen, insbesondere von Kommunisten. Sie wurden eingesperrt in Gefängnissen, Folterkellern der SA und in improvisierten Konzentrationslagern. Bereits am 22. März 1933 war in Dachau das erste Konzentrationslager in Betrieb genommen worden. Offen wurde darüber in Zeitungen berichtet. Mehr als 100.000 politische Gegner wurden bis Mitte März allein in Preußen verhaftet, überwiegend Kommunisten. Kommunistische und sozialdemokratische Zeitungen wurden endgültig, bürgerliche vorübergehend verboten.

Keine Mehrheit für die NSDAP bei den Wahlen

Trotz allen Terrors und aller Propaganda fiel das Ergebnis der Reichstagswahlen am 5. März 1933 für die NSDAP vergleichsweise mager aus: Sie hatte mit 43,9 Prozent – nur 6,5 Prozent mehr als gegenüber ihrem Zenit bei freien Wahlen, der Juliwahl von 1932 – die absolute Mehrheit verfehlt. Durch freie Wahlen hätte die NSDAP die Macht in Deutschland nicht erringen können. Erst zusammen mit den Stimmen für die Deutschnationalen, die acht Prozent erzielt hatten, ergab sich eine knappe Mehrheit von 51,9 Prozent. Das Zentrum und die SPD konnten ihren Stimmenanteil bei dieser Wahl fast halten. Das Ergebnis der KPD mit 12,3 Prozent – lediglich ein Verlust von 4,6 Prozent im Vergleich zur letzten Wahl – war angesichts des massiven Terrors gegen Kommunisten mehr als bemerkenswert; doch den 81 gewählten kommunistischen Reichstags-Abgeordneten wurden ihre Mandate kurzerhand aberkannt – was auch auf die Landtags- und Kommunalparlamente ausgedehnt wurde. Die bürgerlichen Parteien rechts vom Zentrum wurden praktisch zerrieben.

Nach der Wahl gab es kein Halten mehr: Massenhaft drängte man nun in die NSDAP. Opportunisten suchten ihre Chance. Verächtlich wurden sie von der NSDAP »Märzgefallene« genannt. Spöttisch löste Goebbels das Kürzel nun auf mit »Nationalsozialistisch, suchst Du auch ein Pöstchen?« Hochgehalten wurden dagegen die »alten Kämpfer«, jene Parteimitglieder, die bereits zur »Kampfzeit« in die NSDAP eingetreten waren, eine Mitgliedsnummer unter 100.000 trugen (bis 1928) und damit das goldene Parteiabzeichen erhalten hatten. Im Januar 1933 zählte die NSDAP 850.000 Mitglieder, im Mai bereits 2,5 Millionen. Es wären noch deutlich mehr gewesen, hätte die Parteileitung nicht am 1. Mai 1933 einen Aufnahmestopp verhängt. Er wurde erst 1937 aufgehoben, woraufhin die Zahl der Parteimitglieder bis 1945 auf zuletzt 8,5 Millionen wuchs.

Man verstand die Aussagekraft von Bildern. Goebbels, der seit dem 13. März 1933 Reichsminister für »Volksaufklärung und Propaganda« war, inszenierte am 21. März 1933 den »Tag von Potsdam« in der Potsdamer Garnisonskirche. Der – mit Frack gekleidete – Reichskanzler erwies dem greisen Reichspräsidenten seine

Der Tag von Potsdam am 21. März 1933: Hitler begrüßt unterwürfig Hindenburg

Reverenz vor den Gräbern Friedrichs des Großen und Friedrich Wilhelms I. Das alte Preußen mit den konservativen Kräften in Politik, Wirtschaft und Verwaltung erschien versöhnt mit der jungen »Bewegung«. Das »Dritte Reich« stellte sich in die Tradition des »Zweiten Reiches« Bismarcks.

Hitler während seiner Rede vor dem Reichstag zur Begründung des »Ermächtigungsgesetzes« am 23.3.1933. Dahinter Reichstagspräsident Hermann Göring, der die Abgeordneten mit einem Feldstecher beobachtet.

Am 23. März 1933 wurde das »Ermächtigungsgesetz« im Reichstag beschlossen. »Deutsches Volk! Gib uns vier Jahre Zeit – dann richte und urteile über uns!« – so hatte Hitler in einer Wahlkampfrede im Berliner Sportpalast am 10. Februar 1933 gesprochen. Gegen die Stimmen der Sozialdemokraten – der SPD-Vorsitzende Otto Wels hatte den Mut zu einer beeindruckenden Rede – und mit Unterstützung von Zentrum und den bürgerlichen Parteien wurde die notwendige Zweidrittelmehrheit erreicht (Kommunisten waren nicht mehr zugelassen). Das Parlament beraubte sich damit – zunächst für die Dauer von vier Jahren (was später jedoch verlängert wurde) – selbst seiner Befugnisse. Beschlossen wurde eine Blankovollmacht für die Regierung Hitler, die nun unabhängig vom Reichspräsidenten über diktatorische Befugnisse verfügte und Gesetze ohne das Parlament erlassen konnte. Falls der Reichstag sich verweigert hätte, hätte Hitler andere Mittel zur Errichtung der Diktatur gewählt. Doch die scheinlegale Fassade hatte große Vorteile: Sie suggerierte Ruhe und Ordnung in Deutschland und gab dem Ganzen einen legalen Anstrich.

Gleichschaltung

Zentral für jene Zeit wurde der Begriff »Gleichschaltung«. Er findet zum ersten Mal in dem »Vorläufigen Gesetz zur Gleichschaltung der Länder mit dem Reich« vom 31. März 1933 Erwähnung, das die Entfernung von Ministern, Beamten und Abgeordneten in den Ländern erzwang, die noch nicht mit den Zielen der NSDAP übereinstimmten. In einem nur juristisch getarnten Staatsstreich, unterstützt durch den Druck von der Straße, wurden in den folgenden Wochen eine Reihe Länder »gleichgeschaltet«: Die Landtage wurden aufgelöst und nach dem Reichstagswahlergebnis vom 5. März neu zusammengesetzt, wobei die KPD-Sitze annulliert wurden. Analog wurde dies in den Kreistagen und Gemeinderäten vollzogen. Dies verschaffte – so nebenbei – Tausenden NSDAP-Funktionären ein Mandat nebst einträglichem Zubrot. Durch ein weiteres Gesetz vom 7. April wurden »Reichsstatthalter« in den Ländern ernannt, die »für die Beobachtung der vom Reichskanzler aufgestellten Richtlinien der Politik zu sorgen« hatten, die Vorsitzenden der Landesregierungen zu ernennen, Landesgesetze auszufertigen und zu verkünden. In den Ländern außerhalb Preußens wurden sie auf Vorschlag des Reichskanzlers vom Reichspräsidenten ernannt, im zentralen Preußen von Hitler unmittelbar. Am 11. April ernannte er Göring zum preußischen Ministerpräsidenten. Letztlich wurde dadurch die strikte Zentralisierung der Staatsmacht nach dem Führerprinzip eingeführt. Genau ein Jahr nach der Machtübernahme schaffte ein Gesetz die Hoheitsrechte der Länder ab und übertrug sie auf das Reich. Wenig später wurde auch der Reichsrat, die Vertretung der Länder, aufgehoben.

Die am 21. März 1933 verabschiedete »Verordnung zur Abwehr heimtückischer Angriffe gegen die Regierung der nationalen Erhebung« ermöglichte die Bestrafung selbst mündlicher Kritik an Regierung und NSDAP. Am gleichen Tag erfolgte die Einrichtung von Sondergerichten [s. S. 98]. Mit dem »Gesetz zur Wiederherstellung des Berufsbeamtentums« vom 7. April 1933 konnten Juden und politisch Missliebige entlassen werden. »Gleichgeschaltet«, auf Gleichschritt mit der NSDAP getrimmt, wurden in den kommenden Wochen und Monaten Organisationen, Verbände und

Die »Gleichschaltung« umfasste Organisationen, Verbände und Vereine

Besetzung des Gewerkschaftshauses Engelufer in Berlin, 2. Mai 1933

Vereine bis hin zum Gesangsverein und zum sprichwörtlichen Schrebergartenverein. Die wenigsten Vereine wurden aufgelöst. Das Muster der Gleichschaltung verlief anders: Man schloss jüdische Mitglieder aus, der Vorsitzende wechselte mitunter und der Verein oder die Organisation erklärten, sie würden auf dem Boden der neuen Ordnung stehen.

Am 1. Mai 1933 fand zum ersten Mal der »Tag der nationalen Arbeit« statt. Es war ein geschickter Schachzug und eine Demonstration angeblicher arbeiterfreundlicher Haltung, die alte Forderung der internationalen Arbeiterbewegung nach dem 1. Mai als internationalem und völkerverbindendem Tag der Arbeit zu erfüllen und zugleich ins nationalsozialistische Fahrwasser umzulenken. Der bis dahin sozialdemokratisch orientierte Allgemeine Deutsche Gewerkschaftsbund (ADGB) mit seinem Vorsitzenden Theodor Leipart versuchte durch einen Kurs der Anpassung das Überleben der gewerkschaftlichen Organisation zu sichern und distanzierte sich öffentlich von der SPD. »Organisation – nicht Demonstration: das ist die Parole der Stunde« – so Leipart am 31. Januar 1933. Beim Spektakel der Feier zum 1. Mai liefen gestandene Gewerkschafter neben SA und NSBO unter Hakenkreuzfahnen. Am nächsten Tag kam für sie das böse Erwachen: Die Gewerkschaftshäuser wurden besetzt, viele Gewerkschafter verhaftet, unter ihnen Leipart und sein Stellvertreter. Zu einer Gegenwehr waren die Gewerkschafter nicht mehr in der Lage: Durch ihren Anbiederungskurs waren sie diskreditiert und damit ihr Rückgrat bereits gebrochen, nunmehr wurde ihre Organisation zerschlagen, Häuser und Vermögen geraubt und zudem ihre Mitglieder zwangsweise in die am 10. Mai gegründete »Deutsche Arbeitsfront« (DAF) eingegliedert, die Robert Ley zur Zwangsgemeinschaft von Arbeitgebern und Arbeitnehmern ausbaute [s. S. 68 f.].

Anders als bei den Gewerkschaften verlief die Gleichschaltung der Industrie vergleichsweise glimpflich. Der Schwerindustrielle Fritz Thyssen hatte bereits am 23. März 1933 auf einer Sitzung des »Reichsverbandes der Deutschen Industrie« (RDI) die positive Mitarbeit im neuen Staat und den personellen Wechsel in der Verbandsführung gefordert. Am 1. April 1933 besetzte ein SA-Trupp die Geschäftsstelle des RDI, was den Gleichschaltungsprozess beschleunigte. Der Geschäftsführer Ludwig Kastl und der stellvertretende Vorsitzende Paul Silverberg, der sich seit 1932 für ein Bündnis der Industrie mit der NSDAP eingesetzt hatte, mussten zurücktreten, weil sie Juden waren. Im Mai 1933 verschmolz der RDI mit der Vereinigung deutscher Arbeitgeberverbände zum »Reichsstand der deutschen Industrie« unter Führung von Gustav Krupp von Bohlen und Halbach. Damit blieb die Unabhängigkeit der Großindustrie im Grunde unangetastet. Die Trennung von rassisch Unerwünschten wurde billigend in Kauf genommen. Es kam darüber hinaus zum engen Schulterschluss zwischen Industrie und NS-Staat. Die Industrie begrüßte, dass die Demokratie abgeschafft, die Gewerkschaften zerschlagen und bald massiv aufgerüstet wurde. Sichtbares Zeichen des engen Schulterschlusses wurde die »Adolf-Hitler-Spende der deutschen Wirtschaft«, die Krupp zusammen mit Reichsbankpräsident Hjalmar Schacht am 1. Juni 1933 begründete. Die deutsche Wirtschaft führte jährlich fünf Promille der Lohn- und Gehaltssumme des Vorjahres an die NSDAP ab und unterstützte die Partei damit

Gustav Krupp von Bohlen und Halbach (rechts) mit Rudolf Heß in den Essener Krupp-Werken anlässlich der Auszeichnung des Konzerns als »Nationalsozialistischer Musterbetrieb«, 1. Mai 1940

Papst Pius XI. unterzeichnet in Rom das Reichskonkordat (links Vizekanzler von Papen), 1933

massiv. Bis 1945 kamen insgesamt über 700 Millionen Reichsmark zusammen. Waren vor 1933 nur vereinzelt Stimmen für eine Regierung Hitler bzw. die Nationalsozialisten laut geworden, hatte die deutsche Industrie die NSDAP bereits bei den Märzwahlen von 1933 massiv unterstützt und danach das Regime nachhaltig mitgetragen. Hitler wusste, dass er die Industrie – wie die Reichswehr – brauchte, um aufzurüsten und Krieg zu führen. Und die Industrie witterte dahinter ohne Frage ein einmaliges Geschäft.

Der rasche Fortgang der Machtsicherung machte es möglich, dass die Nationalsozialisten bald keine Parteien mehr neben sich duldeten. Die KPD war praktisch schon durch die »Reichstagsbrandverordnung« vom 28. Februar vernichtet, so dass es zu keinem formalen Verbot kam. Ihre Mandate im Reichstag, in den Landtagen und Kommunalvertretungen wurden seit dem 9. März annulliert. Die SPD wurde am 22. Juni 1933 verboten, die anderen Parteien lösten sich selbst auf. Der »Stahlhelm«-Führer Seldte trat am 27. April zur NSDAP über und unterstellte den »Stahlhelm« dem »Führer Adolf Hitler«. Am 27. Juni lösten sich DNVP und DVP auf und zuletzt verschwand am 5. Juli das einst stolze Zentrum von der politischen Bildfläche. Die NSDAP hatte ihren Monopolanspruch durchgesetzt und dies auch noch am 14. Juli 1933 mit dem »Gesetz gegen die Neubildung von Parteien« besiegelt. Der Einparteienstaat der NSDAP war entstanden – nicht einmal sechs Monate nach der Machtübernahme.

Rasche Anpassung der großen Kirchen an das neue System

Auch die großen Kirchen vollzogen eine rasche Anpassung. Hitler hatte in seiner Regierungserklärung vom 23. März 1933 den Kirchen einige bedeutende Zusicherungen gemacht. Die katholische Kirche revidierte bereits am 28. März auf der Fuldaer Bischofskonferenz ihre kritische Haltung gegenüber der NSDAP und erklärte, dass die früheren »Verbote und Warnungen nicht mehr als notwendig betrachtet zu werden brauchen.« Am 8. Juli wurde das Reichskonkordat mit der Kurie in Rom paraphiert, das am 20. Juli offiziell in Kraft trat. Der Staat garantierte die »Freiheit des Bekenntnisses und der öffentlichen Ausübung der katholischen Religion« (Art. 1), die Anerkennung des katholischen Religionsunterrichts an den öffentlichen Schulen (Art. 21), die Beibehaltung und Neueinrichtung von Bekenntnisschulen (Art. 23) sowie den Schutz katholischer Organisationen und Verbände. Der Vatikan verschaffte der Regierung Hitler damit die erste internationale Anerkennung. Die Zusicherungen des Regimes wurden im späteren Kirchenkampf z. T. aufgehoben [s. S. 113].

Die Protestanten zeigten sich gespalten in ihrer Haltung zum Nationalsozialismus. Der größere Teil, die »Deutschen Christen«, hatte bereits vor der Machtübernahme für die Nationalsozialisten geworben und kämpfte für die Mehrheit in den Synoden. Mit großer Unterstützung der NSDAP hatten sie bei den Kirchenwahlen im Juli 1933 70 Prozent der abgegebenen Stimmen errungen. Protest und Opposition erhob sich dagegen von der kleineren Gruppe der »Bekennenden Kirche« um Pastor Martin Niemöller [s. S. 115].

Konflikt mit der SA

Nachdem die erste Phase der Machtsicherung abgeschlossen war, ließ sich der grundlegende, schwelende Konflikt über die Rolle der SA im neuen Staat kaum

Ernst Röhm mit Hitler auf dem Reichsparteitag in Nürnberg, 1933

noch verbergen. Insbesondere in den ersten Monaten nach der Machtübernahme hatte die SA als Terrorinstrument eine wichtige Rolle gespielt. Sie forderte nun, die Revolution weiterzuführen, ja, eigentlich erst zu beginnen, und propagierte die »zweite Revolution«. Röhm drohte im Juni 1933: »Ob es ihnen passt oder nicht, – wir werden unseren Kampf weiterführen. Wenn sie endlich begreifen, um was es geht: *mit* ihnen! Wenn sie nicht wollen: *ohne* sie! Und wenn es sein muß: *gegen* sie!« Hitler erklärte kurze Zeit danach am 6. Juli 1933 die Revolution für beendet: Er werde den Versuch, die »Revolution« weiterzuführen, »wenn nötig, in Blut ertränken.« So sollte es denn auch kommen.

Es ging um die Macht im Staat. Die SA war zu einer bedeutenden Organisation herangewachsen: Ihre Mitgliederzahl stieg von 700.000 im Januar 1933 auf 2,9 Millionen bis zum August 1934 (ohne SA-Reserve II). Röhm sah in ihr die zukünftige deutsche Armee und fand dafür die griffige Formel: Der graue Fels (die Reichswehr) müsse in der braunen Flut untergehen, also in einer SA-Milizarmee aufgehen. Röhm, der erst im Dezember 1933 zum Reichsminister ohne Geschäftsbereich ernannt worden war, sah sich als der zukünftige Reichswehrminister.

Hitler hatte sich dagegen schon vier Tage nach seiner Amtsübernahme festgelegt: Vor führenden Offizieren der Reichswehr sicherte er am 3. Februar 1933 zu, dass die Reichswehr einziger Waffenträger der Nation sei und fand bereits mit seiner Forderung: »Eroberung neuen Lebensraumes im Osten und dessen rücksichtslose Germanisierung« und dem damit verbundenen Kurs massiver Aufrüstung die Unterstützung der Reichswehrführung. Hitler setzte für seinen Kriegskurs auf das Bündnis mit den etablierten Mächten – auf Reichswehr und Großindustrie. Die SA-Männer fühlten sich zunehmend an den Rand gedrängt und ohne eigentliche Funktion. Mit dem 2. August in Preußen und im übrigen Reich am 31. Dezember 1933 war die SA nicht länger Hilfspolizei. Doch die SA-Leute wollten nun auch an die Fleischtöpfe und an die Pöstchen, denn schließlich - so sagten sie sich - hatten sie die Knochen hingehalten und sahen nun so manchen schnell gewendeten Opportunisten an ihnen vorbei Karriere machen.

Seit Januar 1934 ließ Hitler von der Gestapo belastendes Material gegen Röhm sammeln, wobei dessen Homosexualität eine wesentliche Rolle spielte. Göring, Himmler und Goebbels ging es ohnehin darum, sich eines lästigen Konkurrenten zu entledigen. Im Frühjahr 1934 spitzte sich der Konflikt zwischen Reichswehr und SA zu, gefolgt von erneuten Angriffen Röhms auf die alten Eliten im April 1934 und dem Versuch von Vizekanzler Papen, in einer von seinem Mitarbeiter Edgar Jung verfassten Rede am 17. Juni 1934 mit einer Kritik an der SA Hitler zu treffen. Hitler glaubte, nun handeln zu müssen. Auf sein Drängen hatte Röhm jeweils die Hälfte der SA im Juni bzw. Juli 1933 in Urlaub geschickt und sich in Kur begeben. Unter einem Vorwand waren die SA-Führer in den Kurort Röhms nach Bad Wiessee geladen worden. Hitler selbst beteiligte sich an den Mordaktionen am 30. Juni 1934. Diesmal fiel seine Maske. Eine Peitsche in der linken, eine Pistole in der rechten Hand drang der Reichskanzler im Morgengrauen in das Schlafzimmer Röhms in der

SA-Angehörige in der Phase der »Machtergreifung« beim Verbrennen von gegnerischen Flaggen in München, 9. März 1933

Wiesseer Pension ein und brüllte den völlig fassungslosen SA-Führer an: »Röhm, du bist verhaftet.« Röhm wurde einen Tag später in München erschossen. Die NS-Führung nutzte die Stunde zur Generalabrechnung. Mindestens 89 SA-Führer und Kritiker wurden von der SS ermordet, darunter der frühere Reichskanzler General von Schleicher, dessen Mitarbeiter General von Bredow, Gregor Strasser, Gustav von Kahr, Erich Klausener und Edgar Jung.

Staatsrechtler und Reichswehr legitimierten die Mordaktionen gegen die SA

Bereits am 3. Juli 1934 ließ das Kabinett per Gesetz erklären, dass die »vollzogenen Maßnahmen für rechtens« seien, da es sich um »Staatsnotwehr« gehandelt habe. Die Morde wurden als Niederschlagung eines Putsches dargestellt. Hitler sah sich als »des deutschen Volkes oberster Gerichtsherr«. Der renommierte Staatsrechtler Carl Schmitt pflichtete ihm bei: »Der wahre Führer ist immer auch Richter.« Der Mörder Hitler erschien in der öffentlichen Meinung gar als Retter und Ordnungsstifter, der nach diesen »Säuberungen« nun Ruhe und Ordnung, Sitte und Moral wiederhergestellt habe. Ein Zeugnis dafür, wie das Rechtsbewusstsein in der Bevölkerung insgesamt gelitten hatte.

Auch von der Reichswehr kam keine Kritik – ganz im Gegenteil. Sie war schließlich im Konflikt mit der SA der große Gewinner. Da sah man auch über die Ermordung zweier Generäle hinweg. Hitler hatte es verstanden, die Reichswehrführung in die Mordaktion einzubinden. Die Armee hatte mit Waffen und Fahrzeugen geholfen und war in Alarmbereitschaft versetzt worden. Die Reichswehrführung sah nun ihre Monopolstellung wieder hergestellt, doch wurde ihr diese zukünftig von der SS streitig gemacht, der zweiten und eigentlichen Gewinnerin der Mordaktion, die am 20. Juli 1934 von der Unterordnung unter die SA befreit, als eine selbstständige Organisation direkt dem »Führer« unterstellt wurde und das Recht erhielt, eine bewaffnete Division aufzustellen. Damit begann der Aufstieg des SS-Staates.

Hitler wird »Führer und Reichskanzler«

Nur wenige Wochen später wurde durch den Tod von Reichspräsident von Hindenburg am 2. August 1934 ein weiterer Schritt in Richtung unumschränkte »Führer«-Diktatur vollzogen. Bereits einen Tag zuvor war auf einer Kabinettssitzung ein Gesetz verabschiedet worden, dass die Ämter des Reichspräsidenten und Reichskanzlers bei Hitler vereinigte, der nun »Führer und Reichskanzler« heißen sollte. Werner von Blomberg und Walter von Reichenau überraschten auf der Sitzung mit dem Vorschlag – ein weiteres Beispiel opportunistischer Anbiederung an Hitler – eine neue Eidesformel einzuführen. Die Reichswehr war bislang auf die Verfassung und nicht auf den Reichspräsidenten vereidigt worden. Nun wurde gar Gott bemüht, damit Soldaten Hitler »unbedingten Gehorsam leisten« und sich bereit erklärten, »jederzeit für diesen Eid mein Leben einzusetzen.« Eine Formel, die viele Soldaten in Gewissensnöte bringen sollte und die militärische Führung zunehmend in das Unrechtsregime verstrickte. Im Februar 1938 spielten besondere Umstände Hitler in die Hände, um durch einen umfassenden Personalwechsel – 16 Generäle wurden in den Ruhestand versetzt, 44 wechselten ihre Posten – die Wehrmacht weitgehend gleichzuschalten. Blomberg, Reichskriegsminister und Oberbefehlshaber der Wehrmacht, wurde entlassen, weil er eine ehemalige Prostituierte geehelicht hatte, und der Oberbefehlshaber des Heeres, Werner von Fritsch, musste gehen, weil ihn eine polizeiliche Panne in Homosexuellen-Geschichten verwickelte, die die NS-Führung dann dazu nutzte, ihn zu diskreditieren (Blomberg-Fritsch-Affäre). Hitler, der als Staatsoberhaupt bereits den Obersten Befehl innehatte, übernahm selbst das Amt des Oberbefehlshabers der Wehrmacht und verfügte nun erstmals über direkte militärische Befehlsgewalt. Das neue Oberkommando der Wehrmacht übernahm mit Wilhelm Keitel ein Hitler blind ergebener Militär, der im Offizierskorps spöttisch »Lakaitel« genannt wurde.

»Ich schwöre bei Gott diesen heiligen Eid, daß ich dem Führer des deutschen Reiches und Volkes, Adolf Hitler, dem Obersten Befehlshaber der Wehrmacht unbedingten Gehorsam leisten und als tapferer Soldat bereit sein will, jederzeit für diesen Eid mein Leben einzusetzen.«

(Formel für die Vereidigung der Reichswehr auf Hitler)

»Ein Volk, ein Reich, ein Führer!« Eines der bekanntesten NS-Propagandaplakate, nach 1933

Als »Führer und Reichskanzler« besaß Hitler fast unumschränkte Macht: Mit dem Ermächtigungsgesetz war die Kompetenz der Gesetzgebung auf den Reichskanzler und sein Kabinett übergegangen. Abstimmungen im Kabinett hatte es allerdings schon zu Hugenbergs Zeiten nicht mehr gegeben. Die Zahl der Kabinettssitzungen nahm im Lauf der Jahre immer weiter ab. Die letzte fand am 5. Februar 1938 statt. Im prunkvollen Kabinettssaal in der 1939 fertig gestellten Neuen Reichskanzlei wurde nie eine Kabinettssitzung abgehalten. Hitler konnte Gesetze also beschließen und sie nun auch – was dem Reichspräsidenten oblag – ausfertigen. Faktisch entschied er allein über Krieg und Frieden, konnte als Oberbefehlshaber der Reichswehr Offiziere entlassen und einsetzen und im Namen des Reichs Bündnisse mit auswärtigen Mächten schließen. Es folgten noch die Ernennung zum »obersten Gerichtsherrn des deutschen Volkes« am 14. Juli 1934, mit der sich Hitler auch die Judikative unterstellte, und die Übernahme des Oberbefehls über das Heer im Dezember 1941, mit dem ihm die Entscheidungen über die konkreten militärischen Operationen oblag. Hitler hatte eine in der deutschen Geschichte der Neuzeit beispielslose Machtfülle auf sich vereinigt. Die Propagandaformel »Ein Volk, ein Reich, ein Führer« bürgerte sich nun ein. Der »Hitler-Gruß« – 1926 bereits in der Partei eingeführt – wurde zum sichtbaren Ausdruck des »Führerstaates«: Statt sich einen »Guten Tag« zu wünschen, musste man den rechten Arm heben und »Heil Hitler« rufen. Briefe wurden nun mit »Heil Hitler« statt »Mit freundlichen Grüßen« oder »Hochachtungsvoll« unterschrieben. Goebbels verstärkte mit seinem Propagandaapparat den »Führer«-Nimbus und schreckte nicht vor dem Gebrauch religiöser Formeln und Heilsverkündungen,

u. a. in nächtlichen Kundgebungen und Totenehrungen, zurück. Hitler, dem vor allem in den ersten Jahren seiner Herrschaft trotz des häufig hohen und gefährlichen Einsatzes eines Vabanque-Spielers das Glück immer wieder hold war, sprach seit Mitte der 1930er Jahre wiederholt von der »Vorsehung«, die ihn zu seiner historischen Mission berufen habe. Dem »Führer« wurden nun genialische Fähigkeiten zugeschrieben – als »größter Deutscher aller Zeiten« erhielt er einen Nimbus der Unfehlbarkeit. Insbesondere nach den ersten Siegen im Krieg, die Hitler auf sein Konto verbuchte, erlag er zunehmend selbst diesem Rausch. Plebiszite in wichtigen Fragen wie beim Austritt aus dem Völkerbund, dem Gesetz zum Staatsoberhaupt oder dem »Anschluss« Österreichs dienten der Legitimierung.

Führerkult und Herrschaftssystem

Der Führerkult hatte sich seit Mitte der zwanziger Jahre zum Dreh- und Angelpunkt der NS-Bewegung und seit 1933 auch des Staates entwickelt. Bereits im Jahr 1933 erstarkte der Führerkult beträchtlich: In ganz Deutschland wurden Straßen und Plätze nach Hitler benannt, Städte verliehen ihm die Ehrenbürgerschaft, Scharen pilgerten zum Obersalzberg. Kitschartikel wurden massenweise produziert, jedoch rasch strikt verboten. Beliebt war es, Sammelbilder von Hitler zu ergattern – etwa durch Bilderschecks in Zigarettenschachteln – für ein umfangreiches Sammelalbum.

Hitler pflegte einen personalistischen und informellen Führungsstil, der das Herrschaftssystem des NS-Staates prägte. Es gab während seiner gesamten Dauer keine geregelte Entscheidungs- und Befehlsstruktur bzw. keine eindeutige und überschaubare Ordnung von Regierung und Verwaltung. Kollegiale Willensbildung und förmliche Beschlussverfahren in Gremien existierten nicht. Was für das Reichskabinett galt, galt auch für die Partei. Wenn es zu Zusammenkünften kam, dann redete Hitler – oft stundenlang, ohne Diskussion

Blechschild, nach 1933

Schild der NSDAP, nach 1933

oder gar Abstimmung. Es waren Erlösungsveranstaltungen. Anstelle von gemeinsamen Sitzungen gab es Einzelgespräche bei Hitler. Selbst Reichsminister und führende Parteihäupter wie Göring oder Goebbels mussten um einen Termin für ein Gespräch bei Hitler nachsuchen und wussten letztlich nicht, wie der »Führer« sich entscheiden würde. Anstelle einer kollektiven Führung der Partei oder eines Kabinetts blieben lediglich Einzelpersonen, die um die Gunst des Führers buhlten, was dessen Rolle entscheidend bestärkte. Große Bedeutung kam dabei dem engsten Kreis um Hitler zu. Der Zugang zu Hitler und damit auch die Möglichkeit, ihn für eine bestimmte Entscheidung zu gewinnen, lief nur über sie. Das eigentliche Machtzentrum bildeten daher die fünf Kanzleien Hitlers: die »Kanzlei des Führers« unter Philipp Bouhler, die für die persönlichen Eingaben der Bevölkerung an Hitler zuständig war; die »Privatkanzlei« unter Albert Bormann; die »Präsidialkanzlei« unter Otto Meißner, zuständig für protokollarische Angelegenheiten sowie Beamtenernennungen und -entlassungen; die »Reichskanzlei« unter Heinrich Lammers als kaum mehr benötigte Vermittlungsinstanz zwischen Hitler und den Reichsministerien sowie die 1941 entstandene »Parteikanzlei« unter Martin Bormann als eigentliche Schaltzentrale der Macht in den letzten Kriegsjahren. Die »Kanzlisten« hatten als Einzige den unmittelbaren Zugang zu Hitler, leiteten seine Befehle weiter und interpretierten sie.

Hitler hielt sich aus dem alltäglichen politischen Geschäft heraus. Details verfolgte er nur bei Angelegenheiten, die ihn wirklich interessierten. Selbst wichtige politische Fragen blieben liegen oder unerledigt, ganze Politikfelder waren ausgeblendet. Eine entscheidende Kompetenz beanspruchte er bei Fragen der Außenpolitik, des Krieges und der Rassenideologie. Hitler galt als entscheidungsscheu. Er ließ den Entscheidungsprozess laufen, wartete – sozialdarwinistischen Prinzipien entsprechend – zumeist ab, wer sich im Meinungs-

»Das ist das Wunder unserer Zeit, dass ihr mich gefunden habt unter so vielen Millionen! Und dass ich euch gefunden habe, das ist Deutschlands Glück!«

(Hitler auf dem Reichsparteitag in Nürnberg 1936)

Hitler begrüßt Besucher auf dem Gelände seines Anwesens auf dem Obersalzberg bei Berchtesgaden, um 1934

streit zwischen und in Partei- und Staatsgremien als der Stärkste durchsetzte, und traf dann, wenn es unumgänglich war, eine Entscheidung. Wann er seinen »Führerwillen« äußern würde, war nicht bestimmbar, es geschah spontan und sporadisch. Dabei zeigte er sich keineswegs als der neutrale Schlichter; es ging ihm vielmehr darum, um radikale Vorschläge wetteifern zu lassen. Befehle wurden häufig nur noch mündlich erteilt. Selbst die Entscheidung für die »Endlösung« 1941 hat es, wenn überhaupt, möglicherweise nur mündlich gegeben [s. S. 171 f.].

Diesen Herrschaftsstil mag man vordergründig darauf zurückführen, dass Hitler an ein bohemehaftes Leben seit frühen Jahren gewöhnt war und ihm auch als Reichskanzler und »Führer« weiter frönte. Er war oft über Wochen von Berlin abwesend, hielt sich häufig in seinem Haus auf dem Obersalzberg bei Berchtesgaden auf, beschäftigte sich lieber mit Architektur und Musik als mit dem im Regierungsalltag notwendigen stundenlangen Aktenstudium, ließ sich gerne bis in die Nacht Spielfilme vorführen, dementsprechend begann er erst gegen Mittag zu arbeiten. Zudem reiste er unstet und häufig durch das Land. Mag dies zunächst ein persönlicher Stil gewesen sein, so wurde daraus doch eine Herrschaftstechnik.

Zustimmung für den »Führerstaat«

Die Vielzahl staatlicher Ressorts und Parteigliederungen führte zu einem fortwährenden Kompetenzstreit

Staat und Partei handelten – anders als es die Propaganda suggerieren wollte – keineswegs homogen und einheitlich. Es war vielmehr ein bald undurchschaubarer Dschungel einer Vielzahl von staatlichen Ressorts und Parteigliederungen bzw. -ämtern, »führerunmittelbarer« Sonderverwaltungen mit einem Netz von Sonderbevollmächtigten, Reichskommissaren, Generalbevollmächtigten und Beauftragten des Führers – eine Unzahl von »Reichssoundsoführern«. Für die ihn interessierenden Bereiche berief Hitler Sonderbeauftragte, die unabhängig von der Reichsregierung agierten, doch häufig formell dieser unterstanden. Die Sonderverwaltungen wurden meist von jüngeren Männern geleitet, die nun – gestützt auf das besondere Vertrauen des »Führers« – ihren Platz und ihre Macht in Konkurrenz zu bestehenden Verwaltungsorganen in einer Art Eigendynamik erobern mussten.

Um nur ein Beispiel zu nennen: Fritz Todt war als »Generalinspekteur für das deutsche Straßenwesen« seit Juli 1933 der erste Bevollmächtigte dieser Art, er sollte in Konkurrenz zum Reichsverkehrsministerium den populären Autobahnbau forcieren. Bis dahin hatte er als »Reichswalter« des NS-Bundes Deutscher Technik und Leiter des Amtes für technische Wissenschaft in der DAF sowie als Leiter des Hauptamtes für Technik in der Reichsleitung der NSDAP fungiert. Er baute die »Organisation Todt« auf, wurde 1938 »Generalbevollmächtigter für die Regelung der Bauwirtschaft« und Generalinspekteur für Sonderaufgaben, schließlich 1940 (bis zu seinem Unfalltod 1942) Reichsminister für Bewaffnung und Munition und im Folgejahr noch Generalinspekteur für Wasser und Energie. Sein Nachfolger wurde Albert Speer, der Privatarchitekt Hitlers, der diesen 1937 zum »Generalbauinspektor für die Reichshauptstadt« ernannte, um das gigantomanische Projekt der Welthauptstadt »Germania« voranzubringen.

Das ganze Herrschaftssystem wurde im Fluss gehalten. Die Machtakkumulation, die jemand sich erkämpft hatte, war – bis auf wenige Ausnahmen – ständig von den Ansprüchen anderer zumindest bedroht. Eine genaue Kompetenzabgrenzung gab es nicht; sie war auch nicht gewollt. Dieser Herrschaftsstil führte zu einer allmählichen Aufweichung, wenn nicht gar Auflösung herkömmlicher Staatlichkeit. Die unbegrenzte Führergewalt trat an die Stelle der Staatsgewalt. Das führte zwangsläufig dazu, dass staatliche Strukturen von Regierung und Verwaltung massiv an Bedeutung verloren und einem zunehmenden Zerfall ausgesetzt waren. Ernst Fraenkel hatte bereits 1941 in seiner Studie »Doppelstaat« als wesentliches Merkmal der NS-Herrschaft den Dualismus eines herkömmlichen Normen- und eines terroristischen Maßnahmenstaates herausgearbeitet. Bezeichnend genug war es, dass die Reichsverfassung der Weimarer Republik offiziell nie aufgehoben worden ist. Franz Neumann erkannte in seinem 1944 erschienenen Buch »Behemoth« bereits das Problem der grundsätzlichen Gegensätzlichkeit von Staat und NS-Bewegung: Der Staat werde zunehmend zerfallen und an seine Stelle die »organisierte Anarchie« treten, in der allein die »charismatische Führergewalt« eine bindende Autorität besitze.

Zahllose kleine und große »Führer« in der NSDAP und ihren Gliederungen

Wie im Staat, so herrschte auch in der Partei stellenweise ein heilloser Kompetenzwirrwarr. 1937 umfasste die Parteihierarchie – von den Reichsleitern über die Gauleiter, Kreisleiter, Ortsgruppenleiter, Zellen- und Blockleiter – rund 700.000 Personen; zählt man noch die Funktionäre der zahlreichen Nebenorganisationen hinzu, waren während des Krieges mehr als zwei Millionen Parteigenossen in Amt und Würden und Hunderttausende bezogen ein gutes Gehalt von der NSDAP – genügend kleine und größere »Führer« unter ihnen. Der Kompetenzstreit zwischen den Reichsleitern in der Münchner Parteizentrale, aber auch mit und zwischen den über zwei Dutzend unterschiedlichen Ämtern in den Gauzentralen war geradezu zwangsläufig, vom Machtkampf zwischen der politischen Organisation

Die örtliche Partei warnt: Schautafel zum Eintopfgericht in Hamburg, 1935–1940

und der Parteiarmee von SA und SS sowie zwischen den Unterführern der einzelnen Sonder- oder Nebenorganisationen ganz zu schweigen. Die Partei war kaum mehr als eine einheitliche Größe zu erkennen. Die Reichsleiter sahen sich als Leiter von »Reichsämtern« ohnehin an der Parteispitze. Die NSDAP-Parteizentrale in München blieb institutionell schwach, während die Gauleiter enorme Bedeutung gewannen. Die Gaue waren die eigentlichen Machtzentren der Partei und die Gauleiter die fast allgewaltigen Machthaber der Mittelinstanz. Sie beriefen sich auf ihre persönlichen Bindungen zum »Führer«, nahmen wie kleine Fürsten in ihrem Gau Aufmärsche ab und bestimmten die Politik in den Kommunen. Ihr Selbstständigkeitsdrang drückte sich in einem ausgeprägten »Gaupatriotismus« aus. Wie die Reichsleiter versuchten auch die Gauleiter, ihre Macht durch staatliche Ämter zu arrondieren. Eine Reihe von ihnen wurden Bevollmächtigte in den Ländern, viele 1939 »Reichsverteidigungskommissare«. Auch Kreis- und vor allem Ortsgruppenleiter konnten eine wichtige Machtbasis aufbauen, selbst die Blockleiter, die einzelne Wohnblöcke kontrollierten. Die Menschen erlebten die NSDAP zuerst und vor allem auf den örtlichen Ebenen. Und der Ruf der örtlichen Funktionäre war vielfach nicht der beste. Das durchaus luxuriöse Leben der Parteifunktionäre führte zu Kritik und Häme in der Bevölkerung über die »Goldfasane«, eine spöttische Bezeichnung für die goldbestickten Uniformen der Parteibonzen, die auf der örtlichen Ebene ihre Machtbesessenheit und ihre Korruption nicht verbergen konnten. Hitler erschien dagegen abgehoben. Je mehr die örtlichen Parteigrößen kritisiert wurden, umso leuchtender erschien seine Person. Da sich Hitler aus dem Alltagsgeschäft heraushielt, wurde er für Missstände auch nicht verantwortlich gemacht. Ihm wurde gutgeschrieben, was gelang; was nicht gelang und in der Bevölkerung für

Unmut sorgte, davon hätte Hitler angeblich nichts gewusst. »Wenn das der Führer wüßte« war nicht nur ein geflügeltes Wort, sondern durchaus ernst gemeint.

Unklare Aufgabenabgrenzungen führten zu einem ständigen Streit um Kompetenzen. Oft wusste niemand genau, wer wofür eigentlich zuständig war. Streckenweise herrschten geradezu chaotische Zustände. Man hat dieses Herrschaftssystem mit Polykratie, Machtvielfalt, beschrieben und Hitler als einen »schwachen Führer« bezeichnet. Doch darf man dies nicht mit einem in Demokratien üblichen Pluralismus verwechseln. Eigenständige Herrschaftsbereiche entstanden nicht. Letztlich blieb Hitlers Entscheidung ausschlaggebend, insbesondere in den für ihn wesentlichen Politikfeldern. Gerade weil Kompetenzstreitigkeiten und -überschneidungen herrschten, wurde Hitler zum Dreh- und Angelpunkt der Herrschaft, zur zentralen Legitimationsinstanz und großen Integrationsfigur in Partei, Staat und Gesellschaft. Dies sicherte ihm unumschränkte Autorität.

Der Zuspruch, den Hitler genoss, seine Popularität war groß. Dem Regime gelang es, nicht zuletzt durch mehrere spektakuläre außenpolitische Erfolge in den ersten Jahren, die Zustimmung einer breiten Mehrheit der Bevölkerung zu gewinnen. Die Jahre von 1934 bis 1938 (vom »Röhm-Putsch« bis zum November-Pogrom) erschienen propagandistisch als Jahre einer inneren

»Ein Volk, ein Reich, ein Führer! Heil Hitler«. Spruchband am Dorfeingang als Wahlwerbung zur Volksabstimmung, 1938

und äußeren Stabilisierung – Jahre des schönen Scheins, die Deutschland innen- wie außenpolitisch zu neuer Blüte brachten. Die große Depression nach dem Ersten Weltkrieg war beendet. Man war wieder wer. Hitler hatte – so sah es die Öffentlichkeit – ohne Krieg, nur mit berechtigtem Druck die Verluste des Ersten Weltkrieges wieder wettgemacht und Deutschland zu neuer nationaler Größe gebracht.

Außenpolitische Erfolge

Es begann mit dem spektakulären Austritt aus dem Völkerbund und aus der Genfer Abrüstungskonferenz am 14. Oktober 1933, eine deutliche Absage an das System kollektiver Vertrags- und Konfliktregelungen. Nach dem Konkordat des Deutschen Reiches mit dem Vatikan vom Juli 1933 stellte der Nichtangriffspakt mit Polen vom 26. Januar 1934 den ersten großen außenpolitischen Erfolg der neuen Regierung dar. Einen Triumph bedeutete im Januar 1935 die vom Versailler Vertrag vorgesehene Abstimmung der Saarländer, ob sie zukünftig zu Deutschland oder zu Frankreich gehören wollten oder ob der Status quo beibehalten werden sollte. Diese Abstimmung hatte die Staatengemeinschaft zugelassen, obwohl in Deutschland seit 1933 eine rassistische Regierung die Macht hatte. 90,75 Prozent entschieden sich für Deutschland (»Heim ins Reich«), 0,4 Prozent für Frankreich, der Rest für den Status quo. Der drohende Verlust der Freiheit hielt die große Mehrheit der Saarländer nicht von ihrem nationalen Bekenntnis ab, was als Zustimmung zum Regime interpretiert wurde. Die Wiedereinführung der allgemeinen Wehrpflicht am 16. März 1935 stieß auf allgemeinen Jubel, auch wenn sie einen glatten Bruch des Versailler Vertrags darstellte. Die europäischen Mächte beließen es notgedrungen bei Protesten. 550.000 Soldaten sollte das Friedensheer umfassen – mehr als das Fünffache der vom Friedensvertrag erlaubten 100.000 Mann. Doch bereits im De-

»Heim ins Reich!« Die Saarländer bescherten 1935 der NS-Regierung einen Triumph

Einmarschierende Truppen in Köln, 7. März 1936

zember 1933 hatte man insgeheim entschieden, bis 1938 ein 300.000-Mann-Heer von 21 Divisionen aufzustellen, was im Geheimen bereits die Vorgängerregierungen beschlossen hatten. Im Herbst 1934 war bereits die Stärke von ca. 250.000 Mann erreicht. Das sichtbarste Zeichen der »Wiederwehrhaftmachung« Deutschlands stellte der schnelle Aufbau der Luftwaffe dar, wozu unter der Leitung von Hermann Göring am 10. Mai 1933 das Luftfahrtministerium geschaffen wurde. Die Luftwaffe verfügte schon Ende 1934 über 270 Bombenflugzeuge, 99 Jagdflugzeuge und 303 Aufklärungsflugzeuge. Bezeichnend genug waren sprachliche Änderungen: Aus der Reichswehr wurde die Wehrmacht, aus dem Reichswehrministerium das Reichskriegsministerium. Fast grenzenlose Begeisterung herrschte, als im März 1936 Hitler Truppen der Wehrmacht in das nach dem Ersten Weltkrieg entmilitarisierte Rheinland einmarschieren ließ. Wiederum ein klarer Bruch des Friedensvertrags (und des Abkommens von Locarno). Auch dieses Mal hielten die Siegermächte still. Hitler hatte den Einmarsch trotz eines hohen Risikos gewagt. Später bekannte er, wenn Frankreich – wie 13 Jahre zuvor – ins Rheinland einmarschiert wäre, hätten sich die deutschen Truppen wieder zurückziehen müssen. Damit verpasste Frankreich die letzte Chance, Hitler-Deutschland militärisch in die Schranken zu verweisen. Der Jubel der Bevölkerung war unbeschreiblich. Beim Einmarsch der Truppen säumten Tausende den Weg. Beifall und Blumen gab es für die Soldaten, während die Kirchenglocken läuteten. Hitler ließ sich wie ein Befreier feiern, ihm wurden Ovationen bis dahin ungeahnten Ausmaßes entgegengebracht. Die Olympischen Spiele mit den Winterspielen in Garmisch-Partenkirchen im Februar und den Sommerspielen in Berlin im August 1936 wurden zu einem gigantischen Propagandaerfolg. Im März 1938 folgte

Plakat des Propaganda-Ausschusses für die Olympischen Spiele, Berlin 1936

der »Anschluss« Österreichs an das Deutsche Reich, der ebenfalls weit über die eigentlichen NS-Anhänger hinaus allgemeinen Jubel auslöste. Am 12. März marschierten deutsche Truppen ein. Bereits am darauf folgenden Tag verkündete Hitler auf dem Helden-Platz in Wien, er »melde vor der Geschichte nunmehr den Eintritt meiner Heimat in das Deutsche Reich«. Der Erfolg war überwältigend: 99 Prozent stimmten in einem Plebiszit am 10. April für den »Anschluss«. Die Beute war gewaltig: Gewinn an Land (84.000 km^2), Leuten (6,8 Millionen) und Devisen (1,4 Milliarden Reichsmark, die deutschen Devisenvorräte beliefen sich gerade auf 76 Millionen).

Kundgebung auf dem Helden-Platz in Wien am 15. März 1938

All diese außen- und militärpolitischen Erfolge, die zumeist völkerrechtswidrig zustande gekommen waren, riefen eine nationale Hochstimmung hervor. Und Hitler gab sich als Friedensengel. Jedes Mal folgte eine entsprechende Rede. Die westlichen Mächte glaubten, Hitler würde sich mit dem jeweiligen Erfolg begnügen und versuchten, ihn mit einer Politik des Nachgebens (Appeasementpolitik) zu besänftigen und zufrieden zu stellen. Doch der Schein sollte trügen.

Innenpolitische Erfolge: Abbau der Arbeitslosigkeit

Die Nationalsozialisten erfüllten mit den außenpolitischen Erfolgen die Sehnsüchte und Erwartungen der in den Jahren zuvor krisengeschüttelten Menschen nach der Wiederherstellung der nationalen Größe. Die zweite grundlegende und vorherrschende Erwartung nach Arbeit und sozialer Sicherheit sollten sie auf eindrucksvolle Art und Weise ebenfalls erfüllen. Neben den außenpolitischen Erfolgen gewann das Regime die Zustimmung und Unterstützung der großen Mehrheit der Bevölkerung vor allem, weil es ihm gelang, innerhalb kurzer Zeit die Massenarbeitslosigkeit drastisch abzubauen. Hitler hatte am 1. Februar 1933 über Rundfunk in einem »Aufruf der Reichsregierung an das deutsche Volk« versprochen, dass innerhalb von vier Jahren »die Arbeitslosigkeit überwunden sein« würde – für den damaligen Zeitpunkt ein mehr als tollkühnes Versprechen. Doch Hitler sollte in diesem innenpolitisch entscheidenden Punkt Recht behalten. Wieder einmal half ihm eine große Portion unerhörtes und unverdientes Glück. Der Höhepunkt der Wirtschaftskrise war bereits überschritten, als die Nationalsozialisten an die Macht gelangten. Der wirtschaftliche Aufschwung hatte schon begonnen. Die Nationalsozialisten konnten in vielem die Früchte ernten, die andere Regierungen gesät hatten. Sie verstärkten zunächst die Arbeitsbeschaffungsprogramme der vorhergehenden Regierungen, die bereits über 800 Millionen Reichsmark umfasst hatten. Mit dem »Gesetz zur Verminderung der Arbeitslosigkeit« vom 1. Juli 1933 wurde eine Milliarde Reichsmark bereitgestellt. Hjalmar Schacht, seit März 1933 Präsident der Reichsbank, plädierte dafür, eine massive staatliche Verschuldung in Kauf zu nehmen, um die Wirtschaft wieder anzukurbeln. Bis Ende 1934 wurden rund fünf Milliarden Arbeitsbeschaffungsmittel eingesetzt. Gefördert wurden vor allem Verkehrsunternehmungen (1,684 Milliarden) sowie der Wohnungsbau (Kleinsiedlungen, Eigenheimbau, Stadtsanierung mit 1,28 Milliarden), aber auch öffentliche Bauten (Straßenbau, Versorgungsbetriebe, öffentliche Gebäude, Brücken- und Tiefbau mit einer Milliarde).

Aktive Arbeitsmarktpolitik durch Arbeitsbeschaffungsprogramme

Der Autobahnbau war die spektakulärste dieser Infrastrukturmaßnahmen. Hitler war nicht – wie es die Legende will – der Erfinder der Autobahnen. Sie beruhten auf älteren Plänen, doch er hat sie massiv gefördert. Ihr Bau war – entgegen einer weiteren Legende – nicht primär militärisch motiviert. Dafür dominierten die Nord-Süd-Trassen zu sehr, während sich die potentiellen Feinde im Osten und Westen befanden. Bis 1936 gelang es, eine Viertelmillion Männer beim Autobahnbau zu beschäftigen, u. a. auch deswegen, weil man nach dem Prinzip vorging, mit möglichst wenig Maschinen und umso mehr Menschen zu arbeiten. Durch die 1933 eingeführten »Ehestandsdarlehen«, die daran geknüpft waren, dass die Frau ihren Arbeitsplatz aufgab bzw. keinen annahm, wurden ca. 200.000 Arbeitsplätze für Männer frei. Auch die heimliche Vergrößerung der Reichswehr um 150.000 Mann und die folgende Einführung der allgemeinen Wehrpflicht im März 1935 sowie die sechsmonatige Arbeitsdienstpflicht ab Juni 1935 entlasteten den Arbeitsmarkt. Hinzu kamen noch die personelle Aufblähung des Staats- und Parteiapparats und die Entlassung politisch missliebiger und jüdischer Beamter aus dem öffentlichen Dienst durch das »Berufsbeamtengesetz«.

Vollbeschäftigung in wenigen Jahren erreicht

Die Erfolge waren überwältigend. Im Januar 1933 wurden noch über sechs Millionen Erwerbslose gezählt, tatsächlich waren es sicherlich 1,5 Millionen mehr und somit – rechnet man die Familienangehörigen mit – mehr als 20 Millionen Menschen, über ein Drittel der Bevölkerung, betroffen. 1933 wurde ein Jahresdurchschnitt von 4,8 Millionen erreicht, während es 1932 noch 5,6 Millionen gewesen waren. Es folgten 1934: 2,71 Millionen, 1935: 2,15 Millionen, 1936: 1,6 Millionen und 1937: 0,9 Millionen Erwerbslose. Die Vollbeschäftigung war damit nahezu erreicht. 1938 überstieg der Bedarf an Arbeitskräften erstmals die Zahl der Erwerbslosen. Branchen wie die Bau- und Metallindustrie klagten bereits seit 1937/38 über Arbeitskräftemangel. Ohne Frage – ein immenser Erfolg des Regimes,

Eröffnung der ersten Teilstrecke der Reichsautobahn durch Hitler, 19. Mai 1935

der wesentlich zu seiner Stabilisierung beigetragen hat. Dass Hitler ihnen und ihren Familien Arbeit und Brot gegeben hatte - wie es viele Menschen sahen -, war von ausschlaggebender Bedeutung. Biographisch erlebten die Menschen häufig andere Einschnitte, als die, die gemeinhin für die historische Einteilung entscheidend sind. Wichtiger als die Machtübernahme 1933 war für viele, dass sie 1929 arbeitslos wurden und 1934/35 wieder Arbeit fanden. Dieser Aufschwung wurde im In- und Ausland als das deutsche »Wirtschaftswunder« wahrgenommen, zumal etwa die USA und Großbritannien die Weltwirtschaftskrise sehr viel langsamer überwanden. Die deutsche Industrieproduktion erreichte Mitte 1935 den Vorkrisenstand von 1928. Die Erholung der Weltwirtschaft, die erheblichen staatlichen Investitionen, der massive Aufrüstungskurs und die Bemühungen um Autarkie bewirkten das deutsche »Wirtschaftswunder«. Es gelang, auch den größten Teil der Arbeiterschaft relativ reibungslos in das NS-System zu integrieren. Die große Mehrheit der Bevölkerung erwies dem Regime bis zu seinem Untergang eine erstaunliche Loyalität.

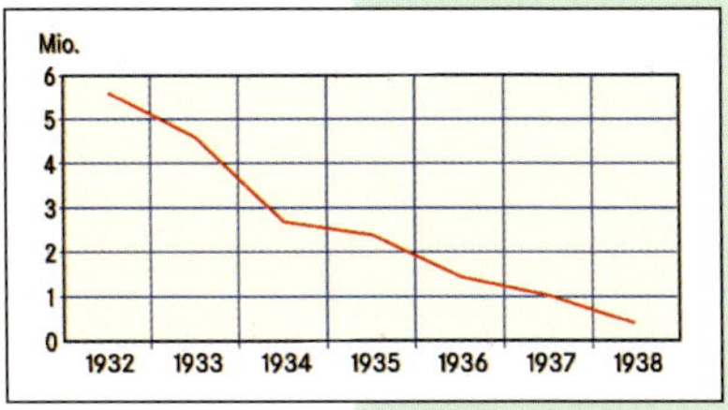

Arbeitslosigkeit im Deutschen Reich 1932–1938

Der Grad der Zustimmung zum Regime drückte sich auch in der Mitgliedschaft in der NSDAP und ihren Gliederungen aus, zumindest jedoch - wenn der Beitritt zur Partei aus opportunistischen Gründen erfolgte - zeigte sich darin der Glaube an die Beständigkeit des Regimes. Die Mitgliederzahlen schnellten nach der Aufhebung des Beitrittsverbots nach oben und erreichten bis zum Ende des Regimes 8,5 Millionen [s. S. 57]. Bereits 1935 gehörte jeder zehnte deutsche Mann über 18 Jahren der NSDAP an. Zwei Drittel der Mitglieder waren nach der Machtübernahme eingetreten und nur jeder Zwanzigste war ein »alter Kämpfer«. Der Anteil der Männer lag bei 95 Prozent.

8,5 Millionen NSDAP-Mitglieder in Deutschland

Mobilisierung, Manipulation und Kontrolle der »Volksgemeinschaft«

Der Preis, den die Arbeitnehmer für die Vollbeschäftigung zu zahlen hatten, bestand darin, dass ihre Löhne und Gehälter vom wirtschaftlichen Aufschwung entkoppelt waren. Darüber sahen viele hinweg, weil es für sie bedeutsamer war, dass sie wieder Arbeit hatten bzw. nicht weiter fürchten mussten, ihre Arbeit zu verlieren. Dem Regime gelang es, die Arbeitskosten auf dem Niveau der Krise einzufrieren, womit sie deutlich geringer waren als vor Ausbruch der Weltwirtschaftskrise. Das NS-System wollte nicht in erster Linie den privaten Verbrauch sondern die Aufrüstung fördern. Die Gewinne der großen Kapitalgesellschaften, die an der Aufrüstung beteiligt waren, stiegen in den Jahren 1933 bis 1939 jährlich um über ein Drittel (36,5 Prozent). Die Mehrzahl der kleineren Gewerbe- und Handwerksbetriebe hatte deutlich geringere Gewinnchancen, da sie in der Konsumgüterindustrie tätig waren. Der anhaltende Aufschwung schlug sich nicht im Gehalt und Lohn der Arbeitnehmer nieder. Wer mehr verdienen wollte, musste länger arbeiten oder einen Arbeitsplatz in einer Branche suchen, in der besser gezahlt wurde. Andererseits gab es vermehrt Abzüge von Lohn und Gehalt aufgrund von Zwangsmitgliedschaften zur DAF sowie von Steuern und »Spenden«. So dürfte das wöchentliche Netto-Einkommen der Industriearbeiterschaft bei Kriegsbeginn gerade das Niveau des Jahres 1929 erreicht haben, dann aber aufgrund steigender Belastungen und erhöhter Ausgaben für Lebensmittel wieder zurückgegangen sein. Bei den Angestellten war die Situation etwas günstiger, bei den Beamten schlechter.

Amtsschild des Reichsnährstands, nach 1933

Im Gegensatz zur Arbeiterschaft gehörten die Bauern und in noch stärkerem Maße der gewerbliche Mittelstand zu den Verlierern der NS-Politik, obwohl sie vor 1933 die NSDAP am stärksten unterstützt hatten. Zwar spielte der Bauer in Ideologie und Propaganda der Nationalsozialisten eine wesentliche Rolle, dennoch erlegte ihm das »Reichserbhofgesetz« vom September 1933 faktisch eine deutliche Schlechterstellung auf. Das Anerbenrecht wurdeverpflichtend, d. h. die Vererbung auf nur einen Erben, der »arisch« sein musste. Der Erbhofbesitz wurde zu einer Art Lehen, was zu weitgehenden Einschränkungen der wirtschaftlichen und erbrechtlichen Selbstbestimmung der Bauern führte. In dem im September 1933 aus den früheren Bauernverbänden und Landwirtschaftskammern geschaffenen »Reichsnährstand« waren sämtliche landwirtschaftlichen Betriebe, die Fischerei, der Handel mit Landwirtschaftserzeugnissen und die Agrarprodukte verarbeitende Industrie zusammengeschlossen. Ein bürokratischer Apparat, der ca. 20.000 voll besoldete Funktionäre beschäftigte, sorgte für die organisatorische Struktur.

Die Hoffnungen des gewerblichen Mittelstandes wurden in ganz erheblichem Maße enttäuscht. Seine protektionistischen Wünsche fanden keine Erfüllung, der Kampf gegen die Warenhäuser wurde bald nach der Machtübernahme wieder eingestellt; der industriellen Produktion und damit den Großkonzernen galt absolute Priorität.

»Die NSDAP sichert die Volksgemeinschaft. Volksgenossen braucht Ihr Rat und Hilfe so wendet Euch an die Ortsgruppe«. Plakat, nach 1933

»Volksgemeinschaft« – Inklusion und Exklusion

Die Gesellschaft sollte nach der NS-Ideologie in eine Gesinnungs- und Willensgemeinschaft verwandelt werden. In der »Volksgemeinschaft« als »Gemeinschaft aller Volksgenossen« durften – zumindest nach außen – die Unterschiede in Herkunft, Stand, Beruf und Vermögen keine entscheidende Rolle mehr spielen. Der Appell an die Gemeinschaft enthielt auch die Verpflichtung, für die übergeordneten Ziele des Staates Opfer zu bringen. In dieser Opfergemeinschaft konnte von jedem verlangt werden, seinen Beitrag zu leisten und notfalls sogar sein Leben für den NS-Staat hinzugeben. Doch was auf den ersten Blick sozialromantisch klingen mag, in gewissen Teilen auch neue Aufstiegschancen bot und alten Standesdünkel abbaute, war tatsächlich ein radikal rassistisches Programm. Die »Volksgemeinschaft« setzte sich nach rassistischen Kriterien zusammen; sie war – wie Hitler sagte – »im Blute fundiert« und insofern immer auch »Blutsgemeinschaft«. Deswegen konnten Juden und andere »Nicht-Arier« nicht dazu gehören und wurden wie »Minderwertige« und »Asoziale« aus ihr ausgeschlossen. Die »Volksgemeinschaft« war dadurch charakterisiert, dass sie das Versprechen auf Integration der »Arier« (der »Volksgenossen«) und die Ausgrenzung von »Gemeinschaftsfremden« zugleich bedeutete. Sie war damit ein klarer Gegenentwurf zur modernen Gesellschaft.

Die Nationalsozialisten haben mit ihrer Diktatur nie eine Politik gegen die Masse der Bevölkerung führen wollen, sondern waren stets mit besonderem Augenmerk darum bemüht, ihre Unterstützung zu erlangen. Dies galt insbesondere für die Arbeiterschaft als die größte Gruppe in der Gesellschaft. Mit einer – für die Nationalsozialisten typischen – Doppelstrategie von »Zuckerbrot und Peitsche« sollte ihre Sozialpolitik beides erreichen: sowohl die Zustimmung und Integration der breiten Mehrheit durch soziale Angebote als auch die soziale Kontrolle.

»Wer schaffen will, muß fröhlich sein!« Propagandaparole im Treppenhaus des NS-Musterbetriebs »Fieseler GmbH«, Flugzeugbau Kassel, 1938

Die Arbeitnehmer hatten ihre Interessenvertreterin verloren, nachdem die Gewerkschaften zerschlagen waren und an ihrer Stelle die »Deutsche Arbeitsfront« (DAF) geschaffen wurde. Sie war als Einheitsfront »aller schaffenden Deutschen« konzipiert worden, in der der Klassenkampfgedanke keine Rolle mehr spielen durfte, sondern nur noch die verordnete soziale Harmonie und klassenübergreifende Gemeinschaft. Es wuchs eine gigantische Organisation

Die »Deutsche Arbeitsfront« (DAF) – eine Massenorganisation mit 25 Millionen Mitgliedern

heran. Bereits 1934 zählte sie 14 Millionen, 1942 25 Millionen Mitglieder und war damit die mit weitem Abstand größte NS-Massenorganisation. Aufgrund des beschlagnahmten Besitzes der Gewerkschaften verfügte die DAF über ein enormes Vermögen. Hinzu kam ein gigantisches Beitragsaufkommen durch die Zwangsbeiträge von 1,5 Prozent von Lohn und Gehalt (1939: 539 Millionen Reichsmark). Über 44.000 hauptamtliche Mitarbeiter wurden u. a. davon bezahlt. Zudem waren noch 1,3 Millionen ehrenamtliche Mitarbeiter tätig.

Um Kompetenzen und Aufgaben der DAF wurde lange gerungen. Im Prozess der »Ent-Gewerkschaftlichung« drängte man gewerkschaftlich orientierte ehemalige Mitglieder der NS-Betriebszellenorganisation hinaus. Die DAF wurde so etwas wie ein zahnloser Tiger. Ihr war es verwehrt, die materiellen Belange der Mitglieder zu vertreten, sie hatte bei tariflichen Fragen nur beratende Funktion. Tarifautonomie und Mitbestimmung wurden beseitigt, stattdessen die Betriebe dem Führerprinzip unterworfen. An der Spitze der »Betriebsgemeinschaft« stand der »Betriebsführer«, dem die »Gefolgschaft« Treue und Gehorsam zu leisten hatte. Im Juni 1933 wurden staatliche »Treuhänder der Arbeit« eingesetzt, deren Amtsbezirke mit den 13 DAF-Bezirken identisch waren. Sie unterstanden der Dienstaufsicht des Reichsarbeitsministeriums, legten die Tarifordnungen fest, überwachten die innerbetriebliche Ordnung, schlichteten in Streitfällen. Da die »Treuhänder« aus der Privatwirtschaft, den Industrie- und Handelskammern und der staatlichen Arbeits- und Wirtschaftsverwaltung kamen, vertraten sie zumeist die Interessen der Unternehmer. Im November 1933 hatten die Unternehmer ihren Beitritt zur DAF erklärt. Trotz aller »Volksgemeinschafts«-Ideologie blieben die Strukturen der überkommenen bürgerlich-kapitalistischen Klassengesellschaft doch in einem erheblichen Maße bestehen. Die sozialen Rechte der Arbeitnehmer wurden weiter beschnitten, als das »Arbeitsbuch« ein-

Titelseite eines Werbeheftes der NS-Organisation »Kraft durch Freude« für den Volkswagen, um 1939

geführt wurde, das die freie Wahl des Arbeitsplatzes einschränkte und den Weg zur staatlichen Kontrolle des »Arbeitseinsatzes« öffnete. Der im Juni 1935 geschaffene »Reichsarbeitsdienst« bedeutete die Militarisierung des Arbeitsmarktes. Es wurde die Allgemeine Dienstpflicht für männliche Arbeitskräfte im Alter von 18 bis 25 Jahren eingeführt, die in geschlossenen Einheiten für gemeinnützige Arbeiten eingesetzt wurden, wie Landeskulturarbeiten, Forst- und Wegebauten und Hilfsarbeiten beim Bau der Autobahn. Der Arbeitsdienst von Mädchen und jungen Frauen war bis 1939 freiwillig. Die Gesamtstärke des »Reichsarbeitsdienstes« belief sich am 1. Oktober 1935 auf 200.000 und stieg bis zum 1. Oktober 1939 auf 350.000 Mann an. Zu Beginn des Krieges geriet der »Reichsarbeitsdienst« unter die Kontrolle der Wehrmacht, die die Arbeitsdienstmänner über ihre Wehrkreiskommandos ausheben ließ.

So blieb die DAF auf die soziale und kulturelle Betreuung und weltanschauliche Schulung ihrer Mitglieder beschränkt. Zur DAF zählte ein mächtiges Imperium an Wirtschaftsunternehmen wie Bau- und Versicherungsgesellschaften, Banken, Verlage und Werften, rund 500 gewerbliche Betriebe aller Art und ca. 14.000 Verkaufsstellen der früheren Konsumvereine. Zur DAF gehörte auch das Automobilwerk, dass den KdF-Wagen, später »Volkswagen« genannt, baute. Autos sollten nicht länger das Privileg von Reichen sein. Hunderttausende hatten einen Wagen bestellt, 60.000 bereits komplett bezahlt, doch durch den Krieg wurde er nicht ausgeliefert, weil das Werk nur noch für militärische Zwecke produzierte. Das »Heimstättenamt« errichtete als mustergültig eingeschätzte Arbeitersiedlungen. Das Amt »Schönheit der Arbeit« prämierte Verbesserungen am Arbeitsplatz, wodurch die individuelle Arbeitsleistung gesteigert werden sollte. Seit 1936 wurde die Auszeichnung »nationalsozialistischer Musterbetrieb« vergeben. Zudem führte man u. a. ein Reichsberufswettkampf zur Kontrolle der Berufsausbildung durch, an dem sich jedes Jahr über eine Million (1938 2,2 Millionen) junge Arbeitnehmer beteiligten.

»Kraft durch Freude« (KdF) – die populärste Organisation des NS-Regimes

Die der DAF angegliederte NS-Gemeinschaft »Kraft durch Freude« war die populärste Organisation des NS-Regimes. Sie bot ein umfangreiches kulturelles und touristisches Freizeitprogramm an: Besuche von Theatern und Konzerten, Vorträge, Schulungen und Führungen, Wanderfahrten, Tagesausflüge, Ferienreisen in Deutschland und im europäischen Ausland. Das Prunkstück bildeten die Kreuzfahrten mit einer eigenen KdF-Flotte nach Madeira, Italien und Norwegen. Hinzu zählte nicht zuletzt der Bau des Seebades Prora auf Rügen für 20.000 Urlauber. Mit dem 1938 eingeführten bezahlten Tarifurlaub zwischen sechs und zwölf Tagen begann das Zeitalter des modernen Massentourismus. Millionen Menschen nahmen in jedem Jahr an den KdF-Veranstaltungen teil, der größte Teil von ihnen keine Arbeiter, sondern Angestellte. Die KdF besaß eine wichtige Funktion für die Integration der Arbeitnehmer in den nationalsozialistischen Staat.

Die NS-Volkswohlfahrt (NSV) mit 17 Millionen Mitgliedern (1943) war nach der DAF die größte Massenorganisation der Nationalsozialisten. 1931 als lokaler Selbsthilfeverein in Berlin gegründet, wurde sie 1933 eine reichsweite Wohlfahrtseinrichtung. Der NSV gelang es, die Verbände der freien Wohlfahrtspflege zurückzudrängen bzw. gleichzuschalten und deren finanzielle Mittel zu beschneiden sowie die von den Kommunen getragene öffentliche Fürsorge einzuschränken. Durch Mitgliedsbeiträge, Spenden und staatliche Zuwendungen standen ihr erhebliche Finanzmittel zur Verfügung. Sie bekämpfte

Sonnenbad auf einem KdF-Schiff bei der Fahrt nach Norwegen, nach 1934

propagandistisch wirkungsvoll die Armut, wobei auch hier wieder rassisch, politisch und sozial »Unwürdige« ausgeschlossen wurden. Nur »rassisch wertvolle Bedürftige« wurden gefördert, nicht jedoch rassisch »Minderwertige« oder »Asoziale«. In der Gesundheitsfürsorge lag der Schwerpunkt der Arbeit der NSV.

Plakat zur Mitgliedswerbung der NS-Volkswohlfahrt, um 1933

Dazu zählten Reihenuntersuchungen wie Schulzahnpflege, Klein- und Schulkinderfürsorge, Kinder- und Jugendpflege, ein Tuberkulosehilfswerk, Hauskrankenpflege, Landerholung, Kuren und das Hilfswerk »Mutter und Kind«. Die NSV organisierte u. a. die »Kinderlandverschickung« sowie während des Krieges die Betreuung von Bombenopfern und die Versorgung von Flüchtlingen. Wichtig war vor allem das Winterhilfswerk, auch Winterhilfe genannt, eine jährlich während der Wintermonate durchgeführte Sammel- und Spendenaktion. Neben Haus- und Straßensammlungen kamen über Spenden von Firmen und Organisationen, direkte Abzüge von Lohn und Gehalt beträchtliche Einnahmen zusammen (in den ersten fünf Jahren 2,5 Milliarden Reichsmark). Bei den Sammlungen wurden u. a. Abzeichen, Plaketten, Bildheftchen oder Fotografien von Hitler verkauft. Offiziell waren die Spenden freiwillig, doch wurde ein erheblicher Druck auf Unwillige ausgeübt. Der »Eintopfsonntag« war ein derartiges Mittel: Seit 1933 wurden alle deutschen Familien und Restaurants verpflichtet, jeweils am ersten Sonntag der Monate Oktober bis März nur ein Eintopfgericht zu verzehren bzw. anzubieten und den Differenzbetrag zwischen 0,50 Reichsmark für den Eintopf und dem üblichen Sonntagsgericht dem Winterhilfswerk bei den Haussammlungen zu spenden. Das Winterhilfswerk ließ sich propagandistisch ausgezeichnet als Gemeinschaftsopfer für die Idee der völkischen Solidargemeinschaft nutzen. Gefördert werden sollten mit den gesammelten Einnahmen wieder nur erbgesunde Bedürftige, finanziert wurden aber auch das Hilfswerk »Mutter und Kind«, die HJ und die Organisation »Lebensborn«, mit der – vor allem durch die Unterstützung von unverheirateten Müttern – die Geburtenrate gesteigert werden sollte.

Wirtschafts- und Sozialpolitik

Die Wirtschafts- und Sozialpolitik diente der Mobilisierung und Kontrolle der Gesellschaft. »Butter und Kanonen« zugleich lautete ihre Doppelaufgabe. Die sozialen Bedürfnisse der Bevölkerung zu befriedigen war das eine, das andere durch massive Aufrüstung die »Wiederwehrhaftmachung des deutschen Volkes« zu erreichen, um die zentralen außen- und rassenpolitischen Ziele durchzusetzen. Der Aufschwung auf dem Arbeitsmarkt war eindeutig abhängig von der forcierten Aufrüstung. Beides war nicht mit den von der NSDAP zuvor propagierten ständestaatlichen Modellen möglich, weswegen man sich rasch dafür entschied, die privatwirtschaftlich-kapitalistische Wirtschaftsordnung beizubehalten. Doch die Wirtschaft hatte für die Nationalsozialisten dem NS-Staat zu dienen. Wirtschaftliche Forderungen spielten in der NS-Ideologie von Beginn an eine wichtige Rolle. In dem Parteiprogramm von 1920 befasste sich fast die Hälfte der 25 Punkte mit ökonomischen Fragen.

Sammelaktion für das Winterhilfswerk im Gau Kurhessen, um 1936

Das Verhältnis zwischen Wirtschaft und Nationalsozialismus durchlief drei Entwicklungsphasen: Die erste Phase umfasst die Jahre von 1933 bis 1936, in denen – wie übrigens damals in allen Industriestaaten – staatliche Beschäftigungs- und Investitionsprogramme für Großprojekte aufgelegt wurden und protektionistische und autarkistische Konzepte zunehmend eine Rolle spielten. In der zweiten Phase zwischen 1936 bis 1942 verstärkte sich mit dem zweiten Vierjahresplan die staatliche Lenkung. Die Eingriffe des Staates schränkten mehr und mehr die Verfügungsgewalt der Unternehmer ein. Die Umstellung auf die Kriegswirtschaft im September 1939 war damit vorbereitet und bedeutete keinen qualitativen Einschnitt mehr. Die dritte Phase waren die Jahre der »totalen Kriegswirtschaft« von 1942 bis 1945. Ein Netz von Vorschriften und Kontrollen für Devisen, Investitionen, Im- und Exporte, Preise, Rohstoffe und Gewinne schränkte die unternehmerische Freiheit zunehmend ein. Durch Arbeitsbeschaffung und Aufrüstung wuchs zudem die Abhängigkeit vom Staat.

Aufrüstung war der wichtigste Motor für die NS-Wirtschaft

Der wichtigste Motor für die NS-Wirtschaftspolitik war die Aufrüstung. In den Jahren 1933 bis 1939 wurden je nach Berechnung zwischen 45 und 82 Milliarden Reichsmark für die Aufrüstung ausgegeben. Der Anteil der Rüstungsausgaben am Bruttosozialprodukt stieg von einem Prozent 1933 auf 23 Prozent 1939, der Anteil am Gesamtetat von vier Prozent 1933 auf rund die Hälfte 1938. Gegenüber der Rüstungsproduktion stand die Konsumgüterindustrie eindeutig hintan. In einer Denkschrift, die auf dem Reichsparteitag im September 1936 verkündet wurde, forderte Hitler, die deutsche Wirtschaft und Wehrmacht müssten in vier Jahren kriegsbereit sein. Göring wurde zum »Beauftragten für den Vierjahresplan« ernannt und baute eine Mammutbehörde auf. Ein wesentliches Ziel war es, Deutschland so weit wie möglich autark zu machen, das galt vor allem für den Rohstoffbereich.

Eigentlich unrentable Werke zur Kohlehydrierung wurden errichtet und minderwertige Erze in Staatsregie abgebaut, wofür die Reichswerke »Hermann Göring« gegründet wurden. Die synthetische Produktion von Benzin aus Braunkohle fand im IG-Farben-Werk in Leuna statt. Die hochgesteckten Ziele des Vierjahresplans waren bis 1939 nur zur Hälfte realisiert. Er verringerte die Auslandsabhängigkeit, ohne sie jedoch beseitigen zu können. Ein Drittel des Rohstoffbedarfs musste nach wie vor aus dem Ausland gedeckt werden. Einen längeren Krieg durchzuhalten, war nur durch die Ausbeutung besetzter Gebiete möglich. Auch das gehörte von vornherein zum Kalkül.

»Deutsches Benzin« – Tankstelle von Leuna-Benzin, 1936

Abenteuerliche Finanzierung der Aufrüstung

Die Milliardensummen für die Aufrüstung wurden auf zunehmend abenteuerliche Art und Weise finanziert. Reichsbankpräsident Hjalmar Schacht entwickelte ein System der Vorfinanzierung auf Wechselbasis. Zu diesem Zweck gründeten auf Veranlassung der Reichsbank und des Reichswehrministeriums im Mai 1933 vier bedeutende deutsche Unternehmen (Krupp, Siemens, Gutehoffnungshütte und Rheinmetall) eine Scheinfirma, die Metallurgische Forschungsgesellschaft (Mefo). Die Firma wurde mit einem Kapital von nur einer Million Reichsmark ausgestattet. Die Rüstungsunternehmen zogen zur Bezahlung der Aufträge auf diese Firma die »Mefo-Wechsel«, für die das Reich die Bürgschaft übernahm. Mit diesen Wechseln wurde zwischen 1934 und 1936 fast die Hälfte der Rüstungskosten finanziert. Sie waren damit bis 1936/37 die wichtigste Finanzierungsquelle für die Aufrüstung. Die Finanzwechsel sollten nach wieder aufgelebter Konjunktur ohne Aufsehen und rasch zurückgezahlt werden. Schacht erkannte bereits früh die drohende Inflationsgefahr als das Bedenkliche dieser Finanzierung. Als die »Mefo-Wechsel« ab 1938 fällig wurden und sie nicht bezahlt werden konnten, wurde die Notenpresse in Gang gesetzt. Die Neuverschuldung des Deutschen Reiches stieg von vier Milliarden 1933 auf 40,5 Milliarden 1939. Im Januar 1939 kritisierte dann sogar die Reichsbank die »hemmungslose Ausgabenwirtschaft der öffentlichen Hand«. Dies führte zum Rücktritt von Schacht als Reichsbankpräsident, der – wie er sagte – »kein Dukatenmännchen« sein konnte. Schacht blieb jedoch Minister ohne Geschäftsbereich. Hitler schlug dessen Warnungen in den Wind, da eine Drosselung des Aufrüstungskurses für ihn nicht in Frage kam. Hinter der glänzenden Fassade des »Wirtschaftswunders« waren deutlich die Krisensymptome mit zerrütteten Reichsfinanzen zu erkennen. Die wirtschafts- und finanzpolitische Konsequenz seit 1936 war eindeutig: Bankrott oder Krieg, und im Krieg hieß die Alternative Sieg oder Untergang.

Propaganda und Hegemonie in Kultur und Erziehung

Nicht allein die Erfolge bewirkten die Zustimmung einer breiten Mehrheit der Bevölkerung zum Regime, sondern auch eine höchst moderne und massenpsychologisch wirkungsvolle Propaganda und der Anspruch des Regimes auf Hegemonie und Kontrolle in Kultur und Erziehung. Die Menschen sollten in Permanenz berieselt, infiltriert und kontrolliert werden. Die Nationalsozialisten waren ohne Frage auch Meister im »Verkaufen« ihrer Erfolge. Die Fortschritte am Arbeitsmarkt, der erste Spatenstich für den Bau der Autobahn oder Grundsteinlegungen für Kleinsiedlungen wurden wie die nationalen Großereignisse in Presse, Funk, Wochenschauen im Kino und in Filmen in Szene gesetzt.

Goebbels als Schlüsselfigur für Propaganda und Kultur

Verantwortlich für den Bereich war Joseph Goebbels in seiner Doppelfunktion. Der Reichspropagandaleiter der NSDAP (der zudem noch Gauleiter von Berlin war) wurde am 13. März 1933 Minister im neu geschaffenen, in der Welt völlig neuartigen »Reichsministerium für Volksaufklärung und Propaganda«. Goebbels beschrieb zwei Tage später das Ziel der »aktiven Regierungspropaganda«: »Das Volk soll anfangen einheitlich zu denken, einheitlich zu reagieren und sich der Regierung mit ganzer Sympathie zur Verfügung zu stellen.« Goebbels erhielt im September 1933 mit der Ernennung zum Präsidenten der neu gegründeten »Reichskulturkammer« eine weitere Schlüsselfunktion für den gesamten Kulturbereich. Diese ständisch aufgebaute Zwangsvereinigung aller »Kulturschaffenden« sollte die Gleichschaltung und Kontrolle des gesamten Kulturlebens erreichen und ein völkisch-einheitliches Kulturleben unter staatlicher Lenkung entstehen lassen. Künstler, Schriftsteller und Journalisten, die als Juden oder politisch Missliebige in die Reichskulturkammer nicht aufgenommen wurden, hatten damit Berufsverbot. Es entstand ein riesiger Apparat, der sich in Reichskammern für Schrifttum, Presse, Rundfunk, Theater, Film, Musik und bildende Künste untergliederte. Dabei geriet Goebbels mit Max Amann als Reichsleiter für die Presse und Otto Dietrich als Pressechef der Reichsregierung in Kompetenzstreit.

Joseph Goebbels, um 1933

Den Anspruch der NSDAP auf kulturelle Hegemonie demonstrierte die Bücherverbrennung am 10. Mai 1933. Bei den von der NS-Deutschen Studentenschaft organisierten »Verbrennungsfeiern« wurden in Anwesenheit von vielen Professoren und Dozenten »Zwölf Thesen wider den undeutschen Geist« verkündet und anschließend mit verdammenden »Feuersprüchen« die Werke zahlreicher prominenter Schriftsteller und Wissenschaftler ins Feuer geworfen. Diese Schandtat machte deutlich, dass auch die Universitäten sich problemlos dem neuen Staat einfügten. Ohne hörbaren Widerspruch war die Entlassung vieler, auch bedeutender jüdischer Kollegen hingenommen worden – und manch einem winkten nun ungeahnte Karrierechancen.

Pressefreiheit war natürlich mit dem NS-Regime nicht vereinbar. Als ein wichtiges Mittel der Propagan-

Öffentliche Bücherverbrennung durch Studenten der Berliner Universitäten auf dem Opernplatz in Berlin, 11. Mai 1933

Lenkung und Anpassung der Presse

da und der Indoktrination der Bevölkerung versuchte man, die Presse möglichst rasch zu kontrollieren und zu lenken. Die NS-Presse profitierte von der während der Machtübernahme vollzogenen Beschlagnahme der 49 kommunistischen und 135 sozialdemokratischen Zeitungsbetriebe. Die bürgerlichen Zeitungen in Privatbesitz konnten zwar weiter erscheinen, waren allerdings einem erheblichen politischen und wirtschaftlichen Druck ausgesetzt. Es setzte ein massiver Konzentrationsprozess ein: Der Anteil der Tageszeitungen in privater Hand schrumpfte von 3.400 im Jahr 1933 auf rund 2.200 Zeitungen 1939. Sie veröffentlichten jedoch – in Konkurrenz zu den etwa 200 Blättern der NSDAP-Presse – nur noch ein Drittel der Gesamtauflage. Im Krieg kam es durch Verweigerung der Papierzuteilung zu weiteren Stilllegungen von Zeitungen. Am Ende blieben 625 private Zeitungen mit 17,5 Prozent der gesamten Auflage übrig. Die Presse erhielt auf den täglichen Pressekonferenzen von Goebbels genaue Anweisungen. Journalisten wurden durch das Schriftleitergesetz von 1933 und die Mitgliedschaft in der Reichspressekammer gefügig gemacht, da bei nicht genehmer Berichterstattung Berufsverbot drohte. Die Ernennung von Chefredakteuren auch der privaten Zeitungen bedurfte der Zustimmung durch Goebbels. Doch viele Verleger und Journalisten trugen den Staat durchaus aus eigener Überzeugung mit, andere eher aus Opportunismus. Viele übten sich in Selbstzensur, aus Angst um das wirtschaftliche Überleben.

Deutlich einfacher als bei der Presse verlief die Gleichschaltung des halbstaatlichen Rundfunks. Der Rundfunk wurde das wichtigste Massenmedium und Propagandainstrument des NS-Regimes. Das Propagandaministerium gab den »Volksempfänger« in Auftrag, der seit August 1933 das Stück für 76 Reichsmark, später sogar noch preiswerter, verkauft wurde. Während im Jahr 1933 ein Viertel der Haushalte ein Radio besaßen, waren es 1939 bereits 70 Prozent. Rundfunkhören wurde zur »staatspolitischen Pflicht« erklärt. Hitler-Reden wurden auf öffentlichen Plätzen übertragen und offizielle Verlautbarungen gemeinschaftlich in Gaststätten und Betrieben, Schulen und Behörden gehört. Um die Hörer bei Laune zu halten, sendete der Rundfunk zudem zahlreiche Unterhaltungssendungen, Konzerte und Hörspiele.

»Ganz Deutschland hört den Führer mit dem Volksempfänger«. Werbeplakat, 1936

Der Film zählte zu den Lieblingskindern der NS-Kulturpolitik. Trotz des großen Aderlasses durch die Emigration zahlreicher Schauspieler und Regisseure entwickelte Goebbels eine wirkungsvolle Filmpolitik. Eine ausschließlich plumpe Politisierung wurde vermieden. Propagandafilme wie »Hitlerjunge Quex« und »SA-Mann Brand« entstanden in der Anfangsphase. Beliebt waren die Wochenschauen in den Kinos. Die Dokumentar- und Propagandafilme von Leni Riefenstahl über den Nürnberger Reichsparteitag 1934 (»Triumph des Willens«) und die zweiteilige Olympiaproduktion von 1936 (»Fest der Völker« und »Fest der Schönheit«) verfehlten ihre Wirkung auf die Zeitgenossen nicht. Antisemitische Hetzfilme wie »Jud Süß« oder »Der ewige Jude« (beide 1940) und Kriegsfilme wie »Feuertaufe« (1940), »Stukas« (1941) oder »Kolberg« (1944) dürften weniger Interesse gefunden haben als die zahlreichen Unterhaltungsfilme jener Jahre. Die Filmhelden vermittelten indirekt Tugenden, auf denen der Staat auf-

»Frauen sind doch bessere Diplomaten«. Film mit Marika Rökk und Willy Fritsch, 1941

baute, wie Gehorsam, Schicksalsergebenheit, Vorrang der Gemeinschaft. Nur vordergründig unpolitisch waren heroische Filme über Preußens Gloria wie »Bismarck« (1940) oder »Der große König« (1942). Besonderer Beliebtheit erfreuten sich aufwändige Operetten- und Revuefilme wie »Stern von Rio« (1939/40) und Komödien wie »Quax der Bruchpilot« oder »Die Feuerzangenbowle« (1944), die heute noch im Fernsehen gezeigt werden. Viele Schauspieler jener Jahre sind bis in die Gegenwart populär geblieben: Hans Albers, Heinrich George, Theo Lingen, Hans Moser, Heinz Rühmann. Die Filmproduktion blühte im NS-Staat auf. Insgesamt entstanden rund 1.100 Spielfilme, darunter nur etwa 15 Prozent Propagandafilme. Die Menschen strömten zu Millionen ins Kino. Goebbels setzte auf indirekte Propaganda und meinte: »Unser Volk bei guter Laune zu halten, das ist auch kriegswichtig«.

Der bereits 1929 gegründete »Kampfbund für deutsche Kultur« hatte unter der Leitung von Alfred Rosenberg der künstlerischen Moderne den Kampf angesagt. Er wurde aber bald von Goebbels verdrängt, der eindeutig die NS-Kulturpolitik bestimmte. Als »entartet« – bezeichnenderweise eine Vokabel aus der Rassenideologie – wurde die Bildende Kunst, Musik und Literatur diffamiert, die nicht in das provinzielle Kunstverständnis der Nationalsozialisten passten. Moderne, nicht-naturalistische Kunstrichtungen wie der »Blaue Reiter«, die »Brücke«, Dadaismus oder Kubismus bezeichnete Hitler in »Mein Kampf« als »krankhafte Auswüchse irrsinniger und verkommener Menschen«. Hitler erhob München 1933 zur »Hauptstadt der Deutschen Kunst«. Im Oktober 1933 wurde dort der Grundstein für das »Haus der Deutschen Kunst« gelegt, die Eröffnung fand am 18. Juli 1937 statt. Hitler, der die Auswahl der Kunstwerke mitbestimmt hatte, verkündete bei dieser Gelegenheit: »Wir werden von jetzt ab einen unerbittlichen Säuberungskrieg führen gegen die letzten Elemente unserer Kulturzerstörung.« Gezeigt wurden u. a.

Blut- und Boden-Malerei, Szenen aus dem Leben von Bauern und Handwerkern, anatomisch detailgetreue Akte, heroisierende Monumentalplastiken und Porträtbüsten von Arno Breker und Josef Thorak. Als Kontrast dazu präsentierte man gleichzeitig mit der Eröffnung des »Hauses der Deutschen Kunst« ebenfalls in München die Ausstellung »Entartete Kunst«, die anschließend vier Jahre lang in 13 weiteren Städten gezeigt und sehr stark besucht wurde. Zuvor hatte eine Kommission, die von dem Präsidenten der Reichskammer der Bildenden Künste Adolf Ziegler geleitet wurde, rund 600 Werke von 120 Künstlern aus deutschen Museen beschlagnahmt. Als »Verfallskunst« und »entartet«, als »Ausgeburten des Wahnsinns, der Frechheit« wurden Werke ausgestellt von Max Beckmann, Marc Chagall, Otto Dix, George Grosz, Erich Heckel, Wassily Kandinsky, Paul Klee, Käthe Kollwitz, Franz Marc, Emil Nolde, Kurt Schwitters und vielen anderen. Der systematische Kunstraub begann mit dem Erlass Görings vom August 1937, der zur „Säuberung" der Kunstsammlungen Preußens führte. Auf der Grundlage des im Mai 1938 verkündeten Gesetzes über die »Einziehung von Erzeugnissen entarteter Kunst« wurden insgesamt mehr als 16.000 »entartete« Kunstwerke aus deutschen Museen und privaten Sammlungen entfernt und entschädigungslos beschlagnahmt. Göring selbst bereicherte sich persönlich an einem Teil der Werke. In der Ausstellung »Entartete Kunst« wurden Exponate ersetzt, weil sie auf dem internationalen Kunstmarkt verkäuflich waren und Devisen einbringen konnten. Eine große Versteigerung fand im Auftrag des Propagandaministeriums am 30. Juni 1939 in der Galerie Fischer in Luzern statt: 125 beschlagnahmte Gemälde und Skulpturen von Paul Gauguin, Vincent van Gogh, Oskar Kokoschka, Franz Marc, Pablo Picasso kamen unter den Hammer, teilweise zu Spottpreisen. Rund 1.000 Ölgemälde und 4.000 Graphiken wurden im März 1939 in Berlin verbrannt.

»Jud Süss«. Filmplakat zu einem antisemitischen Hetzfilm, u. a. mit Heinrich George und Werner Krauß, 1940

»Entartete Musik«. Titelseite der Broschüre zur Ausstellung, 1939

In der Musik galt die Wiener Schule um Arnold Schönberg und seine Schüler Alban Berg und Anton Webern mit ihrer atonalen Kompositionstechnik als »entartet«. Jazz und Swing war als »artfremde Nigger-Musik« verpönt. Im Mai 1938 fand in Düsseldorf die Ausstellung »Entartete Musik« statt. Dennoch bewahrte das Musikleben ein vergleichsweise beachtliches Niveau. Wilhelm Furtwängler und Richard Strauss (1933–1935 sogar Präsident der Reichsmusikkammer, bis er wegen eines Briefwechsels mit einem jüdischen Bekannten in Ungnade fiel) blieben. Der Dirigent Herbert von Karajan trat gleich zweimal in die NSDAP ein (zunächst in Österreich, dann in Deutschland). Auf der Theaterbühne machte Gustav Gründgens Karriere, während viele andere berühmte Schauspieler emigrierten.

Monumentale Bauten als Herrschaftsarchitektur

Der Architektur war der verhinderte Künstler Hitler besonders zugewandt. In den Architekten Paul Ludwig Troost (1878–1934) und Albert Speer fand er Mitstreiter und Interpreten des nationalsozialistischen Kunststils. Zu Speer hat Hitler wie zu niemand anderem ein freundschaftliches Verhältnis entwickelt. Es galt, klassizistische Monumentalarchitektur entstehen zu lassen, in der sich in Ewigkeit die historische Größe des Nationalsozialismus widerspiegeln sollte. Hitler nahm an diesen Projekten regen Anteil und skizzierte mitunter selbst Entwürfe. Diese Architektur war zugleich Kult-, Herrschafts- und Unterwerfungsarchitektur. Als Vorbild dienten die Bauten der griechischen Antike, die sich mit stilistischen Anleihen beim mittelalterlichen Fachwerk- und Burgenbau zu einer »germanischen Tektonik« vereinen sollten. Granit und Kalkstein als naturhafte Baumaterialien sollten Monumentalität, Schönheit und Ewigkeit versinnbildlichen. Im Januar 1939 wurde der wuchtige Bau der Neuen Reichskanzlei in Berlin eingeweiht. Die »Marmorgalerie« mit einer Länge von 146 Metern und das »Arbeitszimmer des

Führers«, in dem Hitler jedoch niemals arbeitete, sollten nach dem erklärten Willen Hitlers Diplomaten und Staatsgäste vor allem einschüchtern. Die Bauwerke wurden ins Gigantonomische gesteigert. Sie sollten – wie die NS-Herrschaft selbst – alles in den Schatten stellen. Der Plan, Berlin nach dem »Endsieg« als Sitz der nationalsozialistischen Weltregierung zur »Welthauptstadt Germania« zu machen, überstieg alles bis dahin Mögliche: Die Kuppel der geplanten »Großen Volkshalle« sollte 300 Meter hoch sein und wäre dreimal so groß gewesen wie das Kapitol in Washington. Nur in Teilen wurde das Reichsparteitagsgelände in Nürnberg verwirklicht. Zwischen 1934 und 1937 entstanden nach Entwürfen Speers die Zeppelintribüne und das Zeppelinfeld für 100.000 Menschen. Haupttribüne und Seitentribünen boten 60.000 Zuschauern Platz. Die Kongresshalle blieb unvollendet. Vom geplanten »größten Sportstadion der Welt«, das 400.000 Zuschauern Platz bieten sollte, wurde nur die Baugrube ausgehoben, die dann auch noch mit Grundwasser voll lief.

Vereinnahmung der Jugend und Gleichförmigkeit der Erziehung

Die totale Vereinnahmung der Menschen durch den Nationalsozialismus begann schon in ihrer Jugend. Hitlers in »Mein Kampf« skizzierte »Erziehungsgrund-

Gipsmodell der »Großen Halle« in der »Reichshauptstadt« Berlin. Planung für »Germania« von Albert Speer

Fahnenhissung auf dem Schulhof einer Kölner Volksschule, 1936

sätze des völkischen Staates« entsprachen seinem rassistischen Denken. »Der Völkische Staat hat ... seine gesamte Erziehungsarbeit in erster Linie nicht auf das Einpumpen bloßen Wissens einzustellen, sondern auf das Heranzüchten kerngesunder Körper. Erst in zweiter Linie kommt dann die Ausbildung der geistigen Fähigkeiten. Hier aber wieder an der Spitze die Entwicklung des Charakters, besonders die Förderung der Willens- und Entschlußkraft, verbunden mit der Erziehung zur Verantwortungsfreudigkeit, und erst als letztes die wissenschaftliche Schulung.« Die Jugendlichen würden – so Hitler – ihr ganzes Leben nicht mehr frei sein, jedoch glücklich dabei. »Flink wie die Windhunde, zäh wie Leder und hart wie Kruppstahl« – so wünschte er sich »seine« Jugend. Die Aufgabe des Schulunterrichts sah er darin, eine »fanatische Nationalbegeisterung« zu erzeugen.

Auch die Schulen wurden nach der Machtübernahme gleichgeschaltet: Jüdische und politisch missliebige Lehrerinnen und Lehrer (etwa 10 Prozent) wurden entlassen. Die Angst vor dem Verlust des Arbeitsplatzes förderte die Loyalität des Lehrpersonals gegenüber dem neuen Staat. Neue nationalsozialistische Lerninhalte wurden verpflichtend: vor allem die Rassenkunde und ein heroisches Geschichtsbild, hohe Bewertung des Sportunterrichts, spezifische Mädchenausbildung zur Hausfrau und Mutter sowie vormilitärische Erziehung der Jungen. Politische Schulungen, Schulfreizeiten mit eindeutig politisch-ideologischem Hintergrund, etwa die Feiern zum Geburtstag des »Führers« oder zum Tag der »nationalen« Arbeit, und Rituale wie das morgendliche Hissen der Hakenkreuzfahne auf dem Schulhof prägten bald den Alltag. Traditionelle, insbesondere christliche Werte wollte man zurückdrängen und die Entkonfessionalisierung der Schule erreichen. 1939 wurden die konfessionellen Volksschulen in Gemeinschaftsschulen umgewandelt und Privatschulen geschlossen. Ansonsten blieben die bisherigen Schulformen bestehen.

Die »Hitler-Jugend« wurde zum staatlichen Jugendverband

Mit der »Hitler-Jugend« wurde ein viel direkterer Versuch unternommen, Einfluss auf die Jugendlichen zu gewinnen und sie durch das Vorgaukeln eines eigenverantwortlichen, in einer Gruppe von Gleichaltrigen geführten Lebens von Elternhaus und Schule zu entfremden. Doch die ständigen Rituale wie Aufmärsche, Weihestunden, Geländespiele, Appelle und vormilitärische Ausbildung offenbarten ein anderes Bild. Ziel war die totale Erfassung und ideologische Vereinnahmung aller jungen Menschen ab dem zehnten Lebensjahr. Politische Jugendverbände wurden verboten und konfessionelle zunehmend bedrängt, in ihrem Wirkungskreis eingeschränkt und bis 1939 ebenfalls verboten. Die Hitler-Jugend entwickelte sich ab 1933 zum staatlichen Jugendverband und wurde dies offiziell per Gesetz im Dezember 1936.

Im Alter von 10 bis 14 Jahren waren die Jungen als »Pimpfe« im »Deutschen Jungvolk« und die Mädchen als »Jungmädel« im »Jungmädelbund« organisiert, danach im Alter von 14 bis 18 Jahren die männlichen Jugendlichen in der HJ und die weiblichen im der HJ angeschlossenen »Bund deutscher Mädel«. In der uniformierten HJ galt das Prinzip »Jugend wird durch Jugend geführt«. Körperliche Ertüchtigung stand neben ideologischer Indoktrination im Zentrum. Aus den Jungen sollten Soldaten, aus den Mädchen gebärfreudige Frauen werden. Ende 1932 zählte die HJ 108.000 Mitglieder, nach den Verboten anderer Jugendverbände ein Jahr später bereits 2,3 Millionen und 1938 schließlich sieben Millionen Mitglieder. Seit März 1939 galt Dienstpflicht, der man sich nur schwer entziehen konnte. Die Mitgliedszahl stieg auf 8,7 Millionen. »Reichsjugendführer der NSDAP« war von 1929 bis 1940 Baldur von Schirach, ihm folgte Artur Axmann.

Das Ziel der Auslese verfolgten die Nationalsozialisten durch eigene erzieherische Projekte, die aber keine große Wirkung erzielten. Es blieb mehr Programm als Wirklichkeit. Die »Nationalpolitischen Erziehungsanstalten (Napola)«, bereits 1933 gegründet, waren staatliche Internatsschulen, die durch Umwandlung ehemaliger Kadettenanstalten entstanden waren und achtklassig zur Hochschulreife führten. 1935 gab es elf, 1942 zwölf, 1944 schließlich 35 Napolas. Sie konnten schon rein zahlenmäßig keine ernst zu nehmende Konkurrenz zum bestehenden Schulsystem darstellen. Die Lehrpläne ähnelten denen der höheren Schulen. Unterrichtet wurde u. a. auch vormilitärische Ausbildung, Geländesport, Schießen, Reiten sowie Flug- und Segelsport. In den Napolas gewann die SS zunehmend Einfluss auf die Auswahl der Schüler. Die seit 1937 eingerichteten »Adolf-Hitler-Schulen« gingen auf eine Initiative von Reichsorganisationsleiter Robert Ley zurück. 1939 gab es bereits 32 derartiger Heimschulen. Getragen wurden sie von der DAF und inhaltlich gestaltet von der Reichsjugendführung. Die Lehrinhalte waren durch die NS-Rassenideologie bestimmt. Dazu gehörten weltanschauliche Schulung, Sport und vormilitärische Ausbildung. Sie nahmen Schüler ab 14 Jahren auf und führten nach fünf Jahren zur Hochschulreife.

»Jugend dient dem Führer«. Werbeplakat für die Hitler-Jugend, um 1939

Alle Lehrer kamen aus den Reihen der HJ. Die Adolf-Hitler-Schulen sollten Vorschulen für die »Ordensburgen« darstellen und damit den Führungsnachwuchs für die NSDAP heranbilden. Die »Ordensburgen« waren für die Schulung der Parteielite als Kaderschulen der Partei gegründet worden. Schon durch ihre äußere bauliche Gestaltung sollte nach einer Anregung Hitlers die Idee des Nationalsozialismus zum Ausdruck gebracht werden. So entwickelten sich riesige Bauvorhaben, die auf 1.000 Schüler und 500 Beschäftigte ausgerichtet waren. Es entstanden drei »Ordensburgen«: Krössinsee bei Falkenburg in Pommern, Vogelsang in der Eifel und Sonthofen im Allgäu, die wenige Tage nach Hitlers Geburtstag 1936 eingeweiht wurden. Sie sollten die Absolventen der Adolf-Hitler-Schulen nach Arbeits- und Wehrdienst im Alter von 23 bis 30 Jahren aufnehmen und sie zu Politischen Leitern ausbilden. Unterrichtet wurden Geschichte, Rassen- und Geopolitik. Eine wesentliche Rolle spielte die sportlich-militärische Ausbildung, die nicht zuletzt der Erziehung zu Gehorsam und Disziplin diente. Für die Ordensjunker blieben die »Ordensburgen« wenig attraktiv, da sie nicht zur Hochschulreife führten. Die Teilnehmer waren recht unterschiedlich vorgebildet. Die Einrichtungen konnten ihren Zweck kaum erfüllen. Mit Kriegsbeginn wurde die Ausbildung abgebrochen. Der einzige reguläre Lehrgang fand 1937 bis 1939 statt, musste aber von dreieinhalb Jahren auf zwei Jahre verkürzt werden. Für alle Einrichtungen galt, dass es stets ihr Ziel war, keine aufgeklärte und kritische Elite heranzuziehen, sondern allein eine neue Führungsschicht, die der NS-Ideologie und dem »Führer« bedingungslos gehorchte.

Zeltlager der Hitler-Jugend, um 1936

Rolle von Frauen und Mädchen

Mädchen oder Frauen spielten in diesen Erziehungseinrichtungen keine Rolle. Das »Dritte Reich« war eine Männergesellschaft. Mädchen wurden zu ihrer zukünftigen Rolle als Mutter und untertänige Ehefrau

Mutterkreuz in Gold

erzogen, die ihren Beitrag zur Gemeinschaft durch möglichst viele Kinder zu erbringen hatte. Höhere Schulbildung für Mädchen war daher unerwünscht, Frauen versuchte man aus dem Erwerbsleben herauszudrängen. Forderungen nach einer umfassenden Dienstpflicht für Frauen hat Hitler trotz Drängens der Wehrmacht stets abgelehnt, auch wenn Frauen im Krieg zuletzt stark herangezogen wurden. Die Mutterschaft wurde durch den 1934 eingeführten Muttertag idealisiert, das »Mutterkreuz« – in Anlehnung an militärischen Auszeichnungen – als »Ehrenkreuz der deutschen Mutter« verliehen: in Bronze für vier bis sechs Kinder, in Silber für sechs bis acht und in Gold für mehr als acht Kinder – sofern die Mutter reichsdeutsch und die Kinder »arisch« und »erbgesund« waren.

Permanente Mobilisierung

Erziehung bedeutete für die Nationalsozialisten nicht allein Jugenderziehung, sondern im Sinne einer »Umerziehung« eine lebenslange Aufgabe. Diesem Ziel diente die Ritualisierung des öffentlichen Lebens durch Hitlergruß, Marschkolonnen, Fahnenkult, Feiern, Massenkundgebungen. Um Wirkung zu erzielen, vereinnahmte man ohne jeden Skrupel Stilmittel aus der kirchlichen Liturgie, Agitationsformen politischer Gegner oder aus der militärischen Tradition. Wesentlich für die permanente Mobilisierung der Menschen und die Propaganda im NS-Staat war der nationalsozialistische Festkalender, der – wie das Kirchenjahr – feststehende und bewegliche Feste kannte und in denen sich Elemente pseudo-religiöser Liturgie fanden. Er bezweckte die totale Durchdringung des Alltags bis hinein in die Privatsphäre. So wurden »Lebensfeiern« als Ersatz für die Taufe abgehalten. Die Rituale und Symbole des politischen Massenkultes wie die Versammlungen, Feiern und Reichsparteitage glichen pseudoreligiösen Kulthandlungen mit einem einheitlichen Programmschema, Kulissenarchitektur und Festdekoration, Musik und Massenchören, wobei sich der Einzelne bei Aufmärschen, Fackelzügen, Fahnenappellen in vorgegebene Formationen einfügen musste. Alles sollte dem Bild entsprechen: »Der Einzelne ist nichts, die Masse ist alles.« Noch bevor ein Redner zu Wort kam, sollte sich emotionale Ergriffenheit einstellen. Das Gemeinschaftserlebnis erreichte seinen Höhepunkt mit »Sieg Heil«-Rufen aus hunderttausend Kehlen. Handbücher regelten den Ablauf bis ins Detail.

Die soziale Kontrolle durch die NSDAP war umfassend. Ob bei offiziellen Anlässen auch jede Familie die Hakenkreuzfahne aus dem Fenster gehängt hatte, ob bei Spendensammlungen ein Beitrag geleistet wurde, ob die Luftschutzausrüstung vorhanden war und erst recht, ob regimekritische Äußerungen oder Handlungen gemacht wurden, darauf achtete man im Betrieb, in der Schule und vor allem in der Wohnumgebung. Die gefürchteten Blockleiter, »Blockwarte« genannt, kontrollierten mehrere Wohnblocks von rund 80 Haushalten und machten Meldung. Die Ortsgruppe oder der Gau stellten Leumundszeugnisse aus, wenn beispielsweise Beamte befördert werden wollten, wenn ein Gewerbe gegründet oder jemand als »unabkömmlich« (UK) vom Kriegsdienst befreit werden sollte. Die Kontrolle griff vor allem lokal und war offenkundig auch deshalb so wirkungsvoll. Gerade mit ihren lokalen Gliederungen gelang es der NSDAP, in das persönliche und private Leben der Menschen einzudringen.

Der nationalsozialistische Festkalender

30. Januar: Tag der »Machtergreifung«

24. Februar: Tag der NSDAP-Gründung/ Verkündung des Parteiprogramms

16. März: Heldengedenktag

20. April: »Führers« Geburtstag

1. Mai: »Tag der nationalen Arbeit«

zweiter Sonntag im Mai: Muttertag

21./22. Juni: Sommersonnwendfeier

erste Septemberhälfte: Reichsparteitag in Nürnberg

Sonntag nach Michaelis: Erntedankfest

8./9. November: Gedenktag in Erinnerung an den Putsch von 1923

21./22. Dezember: Wintersonnwendfeier, die NS-»Volksweihnacht«

Reichsparteitag der NSDAP in Nürnberg, 1936. »Lichtdom« mit Flak-Scheinwerfern über Zeppelinfeld und Zeppelinhaupttribüne

Wer sich nicht durch Mobilisierung und Verführung für das System gewinnen ließ und ihm erkennbar entgegen stand, bekam die andere Seite der nationalsozialistischen Herrschaft zu spüren: Verfolgung und Terror. Mit unerbittlicher Härte bekämpfte das Regime den inneren Feind, den politischen und rassischen Gegner. An die Stelle dieses teilweise »wilden« und »improvisierten« Terrors in der Phase der Machtübernahme (s. S. 38 f.) trat der zügige Aufbau eines zunehmend perfektionierten Terror- und Verfolgungsapparates. Waren mit der Reichstagsbrandverordnung vom Februar 1933 bereits alle wesentlichen Grundrechte außer Kraft gesetzt worden, boten die »Heimtücke-Verordnung« vom 21. März 1933 bzw. das »Heimtücke-Gesetz« vom 20. Dezember 1934 die Möglichkeit, auch kritische Äußerungen über Partei und NS-Staat im privaten Umfeld zu verfolgen und öffneten damit Denunziationen Tür und Tor. »Meckerer« und »Miesmacher« sollten einen Maulkorb erhalten und hatten teilweise empfindliche Strafen zu fürchten. Mit dem Kriegsbeginn verschärften sich die Gesetze [s. S. 142 f.].

Stempel der Geheimen Staatspolizei Köln

Die Geheime Staatspolizei (Gestapo)

Die Geheime Staatspolizei (Gestapo) gilt als das wichtigste und gefürchtetste Herrschaftsinstrument des Nationalsozialismus. Sie ging im April 1933 aus der Politischen Polizei Preußens hervor. Die Gestapo befand sich wie die gesamte Polizei ursprünglich in Länderhoheit. Zunächst unterstand die Gestapo Preußens Göring als preußischem Ministerpräsidenten. Der erste Leiter des Geheimen Staatspolizeiamts (Gestapa) war Rudolf Diels. Gleichzeitig bildete Himmler, der seit April 1933 Chef der Polizei in Bayern war, die Bayerische Politische Polizei unter Reinhard Heydrich. Himmler gelang es in den folgenden Monaten, auch die Politischen Polizeien außerhalb Preußens unter seine Kontrolle zu bringen. Schließlich wurde er am 20. April 1934 zudem Inspekteur der Gestapo in Preußen und damit der gesamten Gestapo. Heydrich wurde Chef des Gestapa. Nach mehrfachen organisatorischen Veränderungen wurde die Gestapo 1936 auf Reichsebene zentralisiert (d. h. Reichsbehörde) und der »Reichsführer-SS« Himmler zum »Chef der deutschen Polizei« ernannt, was die zunehmende Verflechtung mit der SS deutlich machte. Die Gestapo wurde mit der Kriminalpolizei zur Sicherheitspolizei zusammengefasst, unter Heydrich als Chef der Sicherheitspolizei und des SD der SS. Aus Schutzpolizei, Gendarmerie, Gemeindepolizei entstand die Ordnungspolizei unter Kurt Daluege. Seit September 1939 bildete die Sicherheitspolizei mit den Ämtern des Sicherheitsdienstes der SS das »Reichssicherheitshauptamt« in der Prinz-Heinrich-Straße 8 in Berlin. Das Geheime Staatspolizeiamt (Gestapa) bildete dort das Amt IV unter Heinrich Müller, SS-Brigadeführer und Generalmajor der Polizei. 1941 bestanden 67 Staatspolizeistellen bzw. – auf der Ebene der Regierungsbezirke oder eines kleineren Landes – Staatspolizeileitstellen.

Heinrich Himmler, 1941

Zu den wesentlichen Aufgaben der Gestapo zählte es, die Bevölkerung zu überwachen, alle staatsgefährlichen Bestrebungen zu erforschen, die Gegner des NS-Regimes zu verfolgen und zu bestrafen bis hin zur Tötung bzw. Einweisung in das Konzentrationslager.

Gestapo-Chef Rudolf Diels bei einer Ansprache vor Häftlingen, die zu Weihnachten entlassen wurden, im Konzentrationslager Esterwegen im Emsland bei Papenburg, Dezember 1933

Aus politischen Gründen wurden vor allem Kommunisten, Sozialdemokraten und Linkssozialisten, aus rassischen Gründen hauptsächlich Juden verfolgt. Die Verfolgung von Sinti und Roma, von Homosexuellen und so genannten »Asozialen« fiel in die Zuständigkeit der Kriminalpolizei, wobei diese eng mit der Gestapo zusammenarbeitete. In den Kriegsjahren erfolgten rund 70 Prozent aller staatspolizeilichen Festnahmen wegen »Arbeitsniederlegungen«, also aus zumeist unpolitischen Gründen wegen Verstößen gegen die Disziplin am Arbeitsplatz.

Die Machtmittel der Gestapo

Die Macht der Gestapo gründete sich darauf, dass sie willkürlich, ohne rechtsstaatliche Kontrolle handeln konnte. Sie verfügte über eine Reihe von unterschiedlich abschreckenden Mitteln wie Überwachung und Bespitzelung, Vorladung, Verhör oder »staatspolizeiliche Warnung«.

Ihr grundlegendes Machtmittel war die »Schutzhaft«. Mit »verschärften Vernehmungen« – so eine andere euphemistische Umschreibung – wurde die Folter von Häftlingen zur Erpressung von Aussagen bezeichnet. »Sonderbehandlung« war der Tarnbegriff für die ohne Gerichtsurteil vollstreckten Exekutionen, die am Ende des Krieges drastisch zunahmen und besonders Zwangsarbeiterinnen und Zwangsarbeiter sowie Kriegsgefangene trafen.

Seit 1940 entstanden »Arbeitserziehungslager«, die eigenständige staatspolizeiliche Haftstätten bildeten, da sie nicht der SS, sondern den regionalen Gestapodienststellen unterstellt waren. Sie waren die »KZs der Gestapo« (Gabriele Lotfi). In ihnen wurden Häftlinge wegen »Arbeitsniederlegungen« und Verletzung der Arbeitsdisziplin (»Bummelantentum«) inhaftiert. Die Zahl dieser Häftlinge belief sich – vorsichtig geschätzt – auf mindestens 500.000 Menschen, überwiegend ausländische Zwangsarbeiter, die vor allem in der Rüstungsindustrie tätig waren. Die in Konzentrationslagern und Arbeitserziehungslagern angewandten

»Arbeitserziehungslager« der Gestapo am Flughafen Mülheim-Ruhr, August 1942

Methoden waren sehr ähnlich, doch in letzteren war die Haftdauer begrenzt und angeblich die »Besserung« der Häftlinge angestrebt.

Die Zahl der Gestapobeamten in den einzelnen Stapostellen war vergleichsweise gering. Die 840.663 Einwohner Unterfrankens wurden 1937 gerade einmal von 22 Gestapobeamten überwacht. Im Regierungsbezirk Koblenz mit 871.000 Einwohnern genügten 1941 103 Beamte und Angestellte im Innen- und Außendienst, im Regierungsbezirk Köln-Aachen mit 823.887 Einwohnern 1942 etwa 70. Die eigene Ermittlungstätigkeit der Gestapo spielte für ihren »Erfolg« nur eine geringe Rolle. Etwa zwei Drittel bis drei Viertel der Anzeigen stammten von Privatpersonen aus dem Umfeld der Angeschuldigten. Ihnen lagen zumeist persönliche Motive – etwa Streitigkeiten – zugrunde. Den Rest erledigten die Institutionen des Überwachungsapparates in Partei und Staat. Die Vorstellung von der allmächtigen Gestapo, die über einen immensen Apparat eine lückenlose Überwachung sichergestellt hätte, muss dahingehend korrigiert werden, dass ihre Macht sich wesentlich auf ihre Verankerung in der Bevölkerung und deren tätige Mithilfe gründete.

Massenhafte Denunziationen

Die Polizei als Mit-Vollstreckerin des Rassenwahns

Im Macht- und Terrorapparat der Nationalsozialisten spielte die Polizei eine wesentliche Rolle. Die noch bis in die jüngste Zeit verbreitete Ansicht, die Polizei habe

– im Gegensatz zur Gestapo – unbelastet ihre normale Arbeit im NS-Staat weitergeführt, hält den historischen Realitäten nicht stand. Das Selbstbild der Polizei als »Dein Freund und Helfer« – so das heute noch bekannte, erstmals 1937 verwendete Motto – lässt sich nicht mehr aufrechterhalten. Tatsächlich unterstützte die Polizei das NS-Regime bereitwillig und war Vollstreckerin seines Rassenwahns. Sie vollzog eine rasche Eingliederung in den NS-Staat. Im Juni 1936 wurde – wie die Gestapo – die gesamte Polizei »verreichlicht«, das heißt, sie war keine Ländersache mehr, und Himmler avancierte zum »Reichsführer SS und Chef der deutschen Polizei«. Der Prozess der Entstaatlichung der Polizei kam im September 1939 zum Abschluss, als der Sicherheitsdienst der SS und die Sicherheitspolizei (Gestapo und Kriminalpolizei) verschmolzen wurden.

»Die Polizei – dein Freund, dein Helfer«. Propagandabild von der Polizei zum »Tag der deutschen Polizei«, 1937

Viele Polizeibeamte begrüßten die Machtübernahme. Sie glaubten, der NS-Staat würde für eine zuvor vielfach beklagte »Befreiung von den Fesseln« des Rechtsstaats sorgen, über neue Handlungsspielräume und eine stärkere Modernisierung der Polizei zu neuer Bedeutung und zu einem »energischeren« Vorgehen gegen das »Verbrechertum« verhelfen. Rasch wurden »Ordnung« und »Sicherheit« im nationalsozialistischen Sinne radikal umgedeutet. Es ging nicht mehr wie bisher im liberalen Polizeirecht des demokratischen Staats um eine reaktive Gefahrenabwehr, sondern um ein offensives, »vorbeugendes« Polizeiverständnis. Die Arbeit der Polizei orientierte sich an der NS-Vorstellung einer »Volksgemeinschaft«. Handlungen und Personen, die dieses Ziel in irgendeiner Weise gefährdeten, wurden von der Polizei verfolgt. Sie erhielt umfassende, von der Justiz unabhängige Strafkompetenzen und verfügte über weit reichende Ermittlungs- und Sanktionsmittel, ähnlich wie die Gestapo. Die Polizei durfte die »planmäßige polizeiliche Überwachung« anordnen und die »Vorbeugungshaft« für Straftäter mit mindestens drei Vorstrafen verhängen, die in Konzentrationslagern vollstreckt wurde. Außerdem verfügte sie mit der »Vorbeugenden Verbrechensbekämpfung« über ein Mittel zur polizeilichen Generalprävention. So ist die Arbeit der Polizei oftmals von der Arbeit der Gestapo kaum zu unterscheiden. Rassistische und biologistische Leitlinien der NS-Ideologie durchdrangen die Praxis der Strafverfolgung. Straftäter galten als »biologische und soziale Versager« und erblich belastete verbrecherische Persönlichkeiten, die als »Schädlinge am Volkskörper« bekämpft werden mussten. Die mit der NS-Rassenideologie begründete Verfolgung der Sinti und Roma, der Homosexuellen, der »Asozialen«, der Prostituierten, der »Berufsverbrecher« fiel in den Zuständigkeitsbereich der Kriminalpolizei, die zudem tatkräftig die Gestapo bei der Verfolgung der Juden und Zwangsarbeiter unterstützte. Die Polizeibeamten wussten sehr genau, was sie taten. Einweisungen in Konzentrationslager zählten zum Dienstalltag, mitunter wurden sie ausdrücklich mit dem Vermerk »RU« – für »Rückkehr unerwünscht« – versehen. Besondere Brutalität kennzeichnete den Einsatz von Schutzpolizisten in Polizeibataillonen während des Krieges in den besetzten Ländern. Polizeibeamte beteiligten sich als Massenmörder an Exekutionen von Tausenden Menschen [s. S. 160 f.]. Die »völkische« Polizei entwickelte sich damit zu einer Art »Gesundheitspolizei«, die ihren Auftrag darin sah, den »Volkskörper« vor Schädigungen und »Schädlingen« zu schützen.

Mit der NS-Rassenideologie begründete polizeiliche Verfolgung

Die Justiz als Teil des NS-Verfolgungsapparates

Die Justiz verlor ihren Status als die unabhängige Dritte Gewalt. Sie wurde zunehmend ein Instrument der Politik und nach Gestapo und Polizei zur zweiten Säule des staatlichen Verfolgungssystems. Auch die Justiz zählte zu den willigen Vollstreckern des verbrecherischen

Rechtsanwälte mit Hakenkreuzen auf der Robe am Neuen Kriminalgericht in Berlin-Moabit, 1. Oktober 1936

NS-Regimes. Die Personalpolitik war ein wichtiges Mittel, um die Justiz gefügig zu machen. Dazu dienten Entlassungen vor allem von jüdischen und einigen politisch unliebsamen Richtern und Staatsanwälten. Rund 600 Richter, Staatsanwälte und Verwaltungsjuristen wurden entlassen, was weit unter dem Durchschnitt in anderen Bereichen blieb und die Funktionstüchtigkeit des Justizapparates zu keinem Zeitpunkt gefährdete. Selbst der deutschnationale Reichsjustizminister Franz Gürtner blieb bis zu seinem Tod im Jahr 1941 im Amt. Auch der Präsident des Reichsgerichts Erwin Bumke wurde nicht entlassen. Deutlich stärker betroffen waren hingegen Rechtsanwälte. Etwa 1.500 Anwälte verloren ihre Zulassung, vor allem, weil sie Juden waren. Seit 1935 konnten Frauen nicht mehr Richterin oder Staatsanwältin oder zur Rechtsanwaltschaft zugelassen werden. Bis Ende 1934 wurden die Mitglieder der Richter- und Anwaltsvereinigungen in den »Bund Nationalsozialistischer Deutscher Juristen« überführt. Druck auf die Richter und Staatsanwälte durch die Partei äußerte sich in offener Kritik an zu milden Urteilen, aber auch subtiler dadurch, dass Karriere jetzt nur noch möglich war, wenn man dem Regime diente. Anstellungen und Beförderungen mussten von Parteistellen befürwortet werden.

Richter und Staatsanwälte erwiesen sich durchgängig als loyal gegenüber dem Regime. Die überwiegende Mehrheit war nationalkonservativ geprägt und hatte die Weimarer Republik abgelehnt. Spektakuläre Urteile aus der Zeit vor 1933 sprechen eine beredte Sprache. Daher war die Anpassungsbereitschaft der konservativen Justiz an das NS-Regime groß. Allzu gerne glaubte man, die Regierung würde ihr Versprechen halten und die formale Ordnung prinzipiell respektieren. An der loyalen Haltung der Justiz änderte sich auch nichts durch massive Eingriffe in das Rechtssystem, wie sie bereits in den ersten Wochen der NS-Herrschaft etwa durch die Reichstagsbrandverordnung, die Heimtücke-Verordnung und das »Lex van der Lubbe«, das wider jeden juristischen Anstand einen fundamentalen Rechtsgrundsatz aufhob – »nulla poena sine lege« (keine Strafe ohne Gesetz) –, damit gegen den als Brandstifter verurteilten van der Lubbe auch rückwirkend die Todesstrafe verhängt werden konnte. Dies alles rief keine Proteste hervor. Zudem akzeptierte die Justiz sang- und klanglos die sich stetig ausweitenden rechtsfreien Räume, die sich SA, SS, Gestapo und Polizei schufen. Zahlreiche Urteile der Justiz wurden von Gestapo und SS »korrigiert«. Die Gestapo konnte sich bei aus ihrer Sicht zu milden richterlichen Urteilen über diese hinwegsetzen und Freigesprochene noch im

Der Volksgerichtshof mit Roland Freisler als Vorsitzendem, 1944

Einrichtung von Sondergerichten bereits im März 1933

Gerichtssaal oder nach verbüßter Haft festnehmen und in ein KZ verschleppen.

Im März 1933 waren »Sondergerichte« als besondere Strafgerichte bei den Oberlandesgerichten gegründet worden, für die die normale Prozessordnung nicht galt. Gegen ihre Urteile waren keine Rechtsmittel möglich. Die Urteile wurden mit Verkündung rechtskräftig und häufig umgehend vollstreckt. Die Sondergerichte waren hauptsächlich für politische Delikte nach der Reichstagsbrandverordnung und dem »Heimtücke«-Gesetz zuständig, im Krieg dann auch für bestimmte Eigentums- und Wirtschaftsvergehen, etwa für Schwarzschlachtung, Lebensmittelkartenbetrug und Diebstahl »unter Ausnutzung des Kriegszustandes«. Die Sondergerichte verurteilten insgesamt etwa 11.000 Menschen zum Tode.

Der 1934 gegründete »Volksgerichtshof« war ordentliches Gericht mit der Zuständigkeit für Hoch- und Landesverrat, im Krieg »Wehrkraftzersetzung«, schwere Wehrmittelbeschädigung, Feindbegünstigung und Spionage. Auch gegen seine Urteile konnte keine Berufung eingelegt werden. Er fällte 5.200 Todesurteile. Präsident des Volksgerichtshofs war seit 1936 der eiskalte Roland Freisler, berüchtigt durch seine brutale Art der Verhandlungsführung. Die meisten Todesurteile fielen unter seinem Vorsitz. Zwei Drittel der Urteile von Sondergerichten und Volksgerichtshof wurden vollstreckt.

Nicht allein bei den im engeren Sinne politischen Urteilen zeigte sich die Justiz als Terrorinstrument der Nationalsozialisten und als Teil ihres Verfolgungsapparates. An Land- und Sondergerichten wurden Verfahren gegen »Rassenschande« geführt und Erbgesundheitsgerichte gegründet, an den Oberlandesgerichten entstanden Erbgesundheitsobergerichte, die Tausende von Zwangssterilisationen verfügten [s. S. 130 f.]. Bei den Amtsgerichten wurden zahlreiche Fälle von regimekritischen Äußerungen und oppositionellem

Verhalten verhandelt und zumeist mit Geld- und Haftstrafen geahndet. Rassisch gefärbte Urteile wurden auch im Zivilrecht gefällt, u. a. bei Eheproblemen zwischen Juden und Nichtjuden oder bei Verfahren zum Wohn- und Arbeitsrecht, an denen Juden beteiligt waren. Die Rassen-Gesetzgebung enthielt selten konkrete Anweisungen an den Richter und ließ ihm somit einen großen Spielraum, der allerdings zumeist in einer beträchtlichen Eigeninitiative gegen Juden und andere rassische Opfer ausgeschöpft wurde.

Während des Zweiten Weltkrieges entwickelte sich die Kriegsgerichtsbarkeit zu einem Terrorinstrument der militärischen und politischen Führung. Die Kriegsgerichte verhängten rund 30.000 Todesurteile, wovon 20.000 vollstreckt wurden, davon allein etwa 15.000 an Deserteuren. Willkür und Grausamkeit prägten diese Urteile. Daneben haben Standgerichte 20.000 weitere Todesurteile zu verantworten.

Kriegsgerichte verhängten 30.000 Todesurteile

Der Terrorapparat des SS-Staates

Die Entwicklung des Verfolgungs- und Terrorapparats ist eng verknüpft mit dem Aufstieg der SS. Aus einer beispiellosen Ausdehnung der Kompetenzen der SS gegenüber der staatlichen Verwaltung, der Wehrmacht und am Ende auch der Partei selbst entstand der »SS-Staat«. Er funktionierte unabhängig von staatlichen

Angehörige der Leibstandarte-SS Adolf Hitler in Berlin, um 1933

und rechtlichen Normen und Kontrollen und diente Hitler als unmittelbares Machtmittel. Die SS sah ihre Aufgabe nicht allein in der Überwachung und Kontrolle von Bevölkerung und Partei und der Bekämpfung von Gegnern, sondern verstand sich auch als Gralshüterin der reinen, rassistischen Lehre, sorgte sich um die weltanschauliche Erziehung und die Reinhaltung der »völkischen Substanz« und erhob damit den Anspruch, die NS-Ideologie zu verkörpern. Nach der »Röhm-Revolte« war ein lästiger Konkurrent ausgeschaltet und die SS eine eigenständige, »führerunmittelbare« Organisation geworden. Die SS zählte im Januar 1933 52.000 Mitglieder, im Juli 1934 waren es bereits 221.000, im Dezember 1938 verzeichnete man 238.159 Mitglieder.

Die besondere Bindung an den »Führer« charakterisierte die SS von Anfang an, ihr Motto daher: »SS-Mann, Deine Ehre heißt Treue«. Obwohl sich Himmler 1933 zunächst mit dem wenig bedeutsamen Posten des kommissarischen Polizeipräsidenten Münchens und Chef der Politischen Polizei Bayerns begnügen musste, gelang es ihm, innerhalb von drei Jahren zu einem der mächtigsten Männer des NS-Regimes aufzusteigen: Am 17. Juni 1936 wurde er per Führererlass »Reichsführer-SS und Chef der Deutschen Polizei im Reichsministerium des Innern«, in der damals üblichen Abkürzung: RFSSuChdDtPol. Im September 1939 wurden Sicherheitspolizei und der parteieigene SD zum Reichssicherheitshauptamt (RSHA) zusammengefasst, das nun staatliche Behörde und Hauptamt der SS zugleich war. Es folgte im Oktober 1939 die Ernennung zum »Reichskommissar für die Festigung des deutschen Volkstums« und im August 1943 zum Reichsinnenminister, nach dem Attentat auf Hitler am 20. Juli 1944 schließlich der Oberbefehl über das Ersatzheer.

Werbeplakat für den Eintritt in die SS, nach 1935

Das Spitzelsystem des Sicherheitsdienstes (SD)

Die Bespitzelung der Bevölkerung und der eigenen Mitglieder der Parteiorganisationen – und damit eine »Parteipolizei« – war auch Aufgabe des Sicherheitsdienstes (SD) der SS unter Reinhard Heydrich. Der SD war organisatorisch und personell eng mit der Gestapo verknüpft und entwickelte sich bis 1937 zum alleinigen Nachrichtendienst. Etwa 30.000 Spitzel, so genannte Vertrauensleute (V-Leute), lieferten »Stimmungsberichte« aus allen Gebieten und Lebensbereichen an die SD-Zentrale in Berlin sowie die 51 Haupt- und 519 Außenstellen. Auf diese Weise sollte oppositionelles Verhalten aufgedeckt und berechtigter Unmut in der Bevölkerung aufgespürt werden, um eine Korrektur von Regierungsmaßnahmen zu ermöglichen. Die Einzelmeldungen der Vertrauensleute wurden in Berichten, seit 1938 in den »Meldungen aus dem Reich«, zusammengefasst.

Schon seit November 1937 war in jedem Wehrkreis, der zugleich einem SS-Oberabschnitt entsprach, ein »Höherer SS- und Polizeiführer« (HSSPF) eingesetzt worden, unter dem alle Verbände von Ordnungs- und Sicherheitspolizei sowie SS zusammengeführt wurden. Im Krieg waren sie zuständig für den Vollzug der »Endlösung der Judenfrage« und den Kampf gegen Partisanen. Damit hatten sie großen Anteil am Massenmord sowie der Germanisierung und Ausbeutung der besetzten Gebiete.

Himmler war bestrebt, einen elitär-hierarchischen »Führungsorden« des Nationalsozialismus zu schaffen und wachte streng über die »Blutreinheit« seiner »SS-Sippen«. Auf der Grundlage besonders strenger rassenbiologischer Auswahlkriterien sollte ein »Orden des guten Blutes« entstehen, der sich als »Gralshüter der Rasse« verstand und sich der Züchtung einer nordisch-germanischen Herrenrasse verschrieben hatte. Es galt, eine neue Elite zu schaffen. Himmler stellte für seine schwarz uniformierte Truppe skurrile, mystisch verklärte »Ordensregeln« auf und führte germanisch und mittelalterlich geprägte pseudoreligiöse Symbole, Rituale und Weihefeiern ein, bei denen u. a. Ehrendolch, Totenkopfring und Julleuchter eine Rolle spielten.

Sozialstruktur der Führungselite im Reichssicherheitshauptamt der SS

Der »Orden unter dem Totenkopf« zog viele Akademiker an, die im SS-Apparat auf eine schnelle Karriere hofften. Die aktiven SS-Offiziere, die später die »Kerngruppe des Genozids« (Ulrich Herbert) bildeten, kamen aus dem Bürgertum, ein beträchtlicher Anteil aus dem Adel, sie waren oftmals studiert, politisch interessiert und als überzeugte Nationalsozialisten erfüllt von ihrer geschichtlichen Mission. Diese »Generation der Unbedingten« (Michael Wildt), zumeist Juristen, aber auch Historiker, Germanisten und andere Geisteswissenschaftler, war von ihren Erfahrungen im Weltkrieg von 1914 bis 1918 geprägt. Die Exekutivgruppe im Reichssicherheitshauptamt zählte im Kern weniger als 300 Männer, die durch technokratische Effizienz und bürokratische Disziplin glänzten, sich als Weltanschauungskrieger verstanden und im Krieg den Massenmord organisierten.

Den Höhepunkt ihrer Machtentfaltung erreichte die SS im Krieg. Die SS verfügte mit der am 17. März 1933 gebildeten »Leibstandarte-SS Adolf Hitler« unter Joseph (Sepp) Dietrich und den bald darauf entstehenden »Politischen Bereitschaften« bereits früh über militärisch organisierte und kasernierte Freiwilligenverbände. Daraus entwickelten sich die bewaffneten SS-Einheiten. Hitler gestattete noch vor Ausbruch des Krieges der SS, eine Division mit einer Höchststärke von 20.000 Mann zu bilden, die Himmler als »Waffen-SS« bezeichnete und im Verlauf des Krieges zunächst auf rund 600.000, später bis zu einer Million Soldaten in 38 Divisionen ausbaute. Der Soldat der Waffen-SS war ein Freiwilliger, der ein besonders fanatischer Verfechter der NS-Ideologie sein sollte. Gerade von Einheiten der Waffen-SS wurden zahlreiche Kriegsverbrechen begangen. Zur Waffen-SS zählten auch die KZ-Wachverbände, die 1936 den bezeichnenden Namen »SS-Toten-

»Waffen-SS«

kopfverbände« erhielten und 1937 3.500 Mann umfassten. Dies verweist auf eine weitere Säule des »SS-Staates«: die Konzentrationslager.

Das System der Konzentrationslager

Aus den frühen Haft- und Folterstätten der ersten Wochen nach der Machtübernahme entwickelten sich die ersten »Konzentrationslager«. In den Zeitungen wurde darüber berichtet. Das erste seiner Art wurde auf Befehl Himmlers am 20. März 1933 in einer ehemaligen Pulverfabrik in Dachau bei München eingerichtet. Weitere Lager entstanden in Oranienburg bei Berlin, Kemna bei Wuppertal, Fuhlsbüttel bei Hamburg, Oberer Kuhberg bei Ulm, Hohnstein in Sachsen, Brauweiler bei Köln und an vielen anderen Orten. In den Moorgebieten des Emslandes an der niederländischen Grenze wurden 1933 mit Esterwegen, Börgermoor und Neusustrum die ersten drei Lager für politische Häftlinge geschaffen, die härteste Moorarbeiten verrichten mussten; insgesamt entstanden dort bis 1938 15 Lager, die als Emslandlager bezeichnet und von Papenburg aus organisiert wurden.

Nach der »Röhm-Revolte« übernahm am 30. Juni 1934 die SS von der SA die Alleinzuständigkeit für sämtliche Konzentrationslager. Dachau wurde zum »Musterlager« und der dortige Lagerkommandant, Theodor Eicke (1892–1943), zum »Inspekteur der Konzentrationslager und Führer der SS-Wachverbände« ernannt. Die in Dachau am 1. Oktober 1933 erlassene »Disziplinar- und Strafordnung für das Gefangenenlager« zur »Aufrechterhaltung von Zucht und Ordnung« wurde richtungweisend für alle anderen Konzentrationslager. Das Strafmaß reichte von 25 »Stockhieben« über das Pfahlhängen bis zur Todesstrafe. Damit waren die Voraussetzungen für den systematischen

»Frühappell im Erziehungslager«. Titelseite der »Münchner Illustrierten Presse« zu einem Bericht über das KZ Dachau, Juli 1933

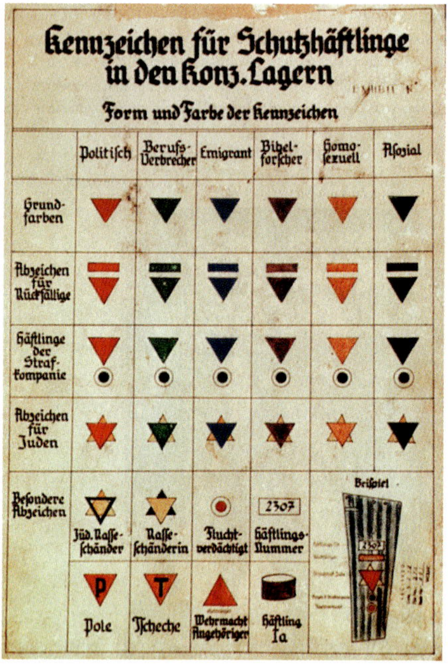

Tafel mit den Kennzeichen (»Winkeln«) der KZ-Häftlinge, Stand 1940/41

Aufbau der neuen, durchorganisierten Ordnung des Terrors geschaffen.

Eicke entwarf einen verbindlichen KZ-Lagerplan, der fünf Abteilungen vorsah: Kommandantur, politische Abteilung, Schutzhaftlager, Verwaltung, Lagerarzt. Die politische Abteilung war praktisch ein Außenposten der örtlichen Gestapostelle mit einem Gestapobeamten, der zuständig war für Vernehmungen, das Führen der Häftlingskarteien und Häftlingsakten. Später wurde eine Häftlingsselbstverwaltung eingerichtet mit dem Lagerältesten, dem Blockältesten, gegebenenfalls auch Stubenältesten. Funktionshäftlinge waren als Schreiber, Häftlingsärzte, Leichenträger, in der Küche, dem Krankenrevier, den Lagerwerkstätten eingesetzt. Sie hatten für Ordnung und Sauberkeit zu sorgen und den Tagesablauf zu organisieren. Kapos (ital. »capo«, Kopf) führten als Vorarbeiter die Arbeitskommandos.

Häftlingsalltag im Konzentrationslager

Wer eine solche Funktion zugewiesen bekam, erhielt eine bessere Ernährung und andere Vergünstigungen und konnte so seine Überlebenschancen deutlich steigern. Daher waren die Positionen zwischen kriminellen und politischen Häftlingen sehr umkämpft. Die Häftlinge wurden mit unterschiedlichen auf dem Kopf stehenden Dreiecken, so genannten »Winkeln«, aus farbigem Stoff auf der Kleidung gekennzeichnet, um sie einer bestimmten Häftlingskategorie zuzuordnen. Grün stand für kriminelle, rot für politische Häftlinge, schwarz für »Asoziale«, rosa für Homosexuelle und violett für Zeugen Jehovas. Bei den jüdischen Häftlingen wurde über den gelben »Winkel« ein Dreieck aufgenäht, um einen Davidsstern zu bilden. Ausländische Häftlinge hatten den Anfangsbuchstaben ihrer jeweiligen Nationalität auf dem »Winkel«.

Die Sterblichkeit in den Konzentrationslagern war sehr hoch. Härteste Arbeit, schlechte Ernährung, unzureichende ärztliche Versorgung sowie Kälte, Seuchen und Krankheiten führten zum Tod vieler Häftlinge. Sie mussten - auch im Winter - einen dünnen, gestreiften Sträflingsanzug tragen und in klobigen Holzschuhen herumlaufen. Untergebracht waren sie in zugigen Baracken und schliefen in dreistöckigen Etagenbetten auf Strohsäcken, wobei sie sich eine Decke teilen mussten. Zudem waren die Häftlinge ständig den Schikanen, Misshandlungen und Tötungen durch SS-Angehörige oder Kapos ausgesetzt.

Nach dem Modell von Dachau wurden errichtet: Sachsenhausen bei Oranienburg (ab Juli 1936), Buchenwald bei Weimar (ab Juli 1937), Flossenbürg in der Oberpfalz (ab Mai 1938), nach dem »Anschluss« Österreichs Mauthausen bei Linz (August 1938), Neuengamme bei Hamburg (Herbst 1938), das Frauenkonzentrationslager Ravensbrück in der Nähe von Berlin (ab Mai 1939). Im Krieg kamen die Vernichtungslager hinzu [s. S. 168 f.]. Bis 1945 entstanden 22 Hauptlager mit 1202 Außenlagern und Außenkommandos.

Trotz aller Propaganda und allem Terror gelang es dem Regime nicht, jedes kritische oder abweichende Verhalten zu unterbinden, auch wenn es eher selten war. Zustimmung oder Anpassung waren der Normalfall. Die Herrschaft der Nationalsozialisten war zu keinem Zeitpunkt ernsthaft durch Widerstand bedroht. Obwohl sich Tausende verweigerten oder aktiven Widerstand leisteten, fanden sie in der großen Mehrheit der Bevölkerung keinen Rückhalt. Es war ein »Widerstand ohne Volk«. Die Gruppen, die aktiven Widerstand leisteten, waren zudem untereinander stark zerstritten. Althergebrachte soziale, politische und kulturelle Abgrenzungen und unterschiedliche Interessen und Zielsetzungen verhinderten die Durchführung gemeinsamer Aktionen. Es gab keine koordinierte Auflehnung breiter Schichten. Die Deutschen wollten und/oder konnten sich bis zuletzt nicht aus eigener Kraft vom NS-Regime befreien, erst die militärische Übermacht ließ es zusammenbrechen.

Formen und Phasen des Widerstands

Der Begriff »Widerstand« steht auch heute noch in einem politischen Meinungsstreit und wird geradezu inflationär gebraucht. Es ist ein weit abgestuftes Verhaltensspektrum von der Verweigerung bis zum aktiven Widerstand zu unterscheiden: nonkonformes Verhalten mit einzelnen Normverletzungen, die das System nicht in Frage stellten (z. B. den »Hitler-Gruß« verweigern oder »Feindsender« abhören), behördlichen Anordnungen nicht Folge leisten, Protest als öffentliche Ablehnung bestimmter Maßnahmen des Regimes (z. B. der Protest aus Kreisen der katholischen Kirche gegen die »Euthanasie«) und schließlich der Widerstand im engeren Sinn als aktiver politischer Kampf zum Sturz des Regimes, der wiederum von der Herstellung und dem Kleben regimefeindlicher Plakate bis zum versuchten Attentat und Staatsstreich reichte. Der Willkürcharakter des Regimes drückte sich auch

Breites Spektrum von Verweigerung bis zu aktivem Widerstand

Verhaftung von Kommunisten durch SA in Berlin am Tag nach den Reichstagswahlen, 6. März 1933

darin aus, dass mitunter kleine und weit verbreitete Vergehen (wie Feindsender-Abhören) mit dem Tode bestraft werden konnten und auf der anderen Seite schwerwiegendere Verstöße ungeahndet blieben.

Die Widerstandsarbeit der verschiedenen Gruppen war in den seltensten Fällen auf den gewaltsamen Umsturz ausgerichtet. Ihre Arbeit bestand häufig darin, auf einfachen Vervielfältigungsapparaten Flugblätter oder Zeitungen herzustellen und Tarnschriften oder anderes illegales Material aus dem Ausland einzuschleusen und unter die Leute zu bringen, antinazistische Parolen auf Häuserwände und Bürgersteige zu malen und Geld für Inhaftierte oder für die illegale Arbeit zu sammeln. Aus Sicherheitsgründen war man in kleinen Gruppen von drei bis fünf Personen organisiert, um das Risiko, von der Gestapo enttarnt zu werden, so gering wie möglich zu halten.

Der Widerstand kann in drei Phasen unterteilt werden. In den ersten Jahren der NS-Herrschaft wurde er beherrscht von Parteien und Gruppierungen der Arbeiterbewegung, die noch von Emigranten im Ausland unterstützt wurden. Bis 1936 gelang es der Gestapo, bis auf wenige Kleingruppen alle organisierten Widerstandsformen zu zerschlagen. Danach hielt man den Zusammenhalt untereinander in Form von Gesinnungszirkeln, geselligen Runden oder Wanderungen aufrecht. Organisierter Widerstand lebte erst in der Endphase des Krieges und der dadurch bedingten Auflösungserscheinungen der Gesellschaft wieder auf. Im Unterschied zur ersten Phase blieb er punktuell und ohne Unterstützung von außen. Erst jetzt fanden sich wieder Menschen aus sehr verschiedenen sozialen Schichten und unterschiedlichen politischen Gruppen zusammen, um gemeinsam gegen das NS-Regime vorzugehen.

Widerstandsaktivitäten verschiedener Gruppen

Der Terror der Nationalsozialisten traf die KPD zuerst und am heftigsten. Sie leistete auch den frühesten und umfangreichsten Widerstand. Im Unterschied zu vielen anderen Gruppen war die KPD auf die illegale Arbeit gut vorbereitet, da sie sich schon vor 1933 darauf eingestellt hatte. Es gelang ihr zunächst, massenhaft Druckschriften zu verbreiten und noch bis 1935 ihr Zentralorgan, die »Rote Fahne«, erscheinen zu lassen, obwohl bereits in den ersten Wochen und Monaten nach der Machtübernahme ein großer Teil ihrer Funktionäre, nach Gestapo-Berichten allein im Juli 1933 zwischen 12.000 und 15.000, verhaftet wurde; schon am 3. März 1933 hatte es den Parteivorsitzenden Ernst Thälmann getroffen (der nach über elfjähriger Haft im KZ Buchenwald am 18. August 1944 höchstwahrscheinlich ermordet wurde). Die Parteileitung emigrierte zunächst im Mai 1933 nach Paris und im Herbst desselben Jahres nach Moskau. Kuriere wurden nach Deutschland geschickt. Verbitterung und Spannungen zwischen den Illegalen im Land und der Auslandsleitung blieben nicht aus. Tausende Kommunisten wurden bis 1936 in Massenprozessen zu Gefängnis und Zuchthaus verurteilt.

Die KPD leistete umfangreichen Widerstand

Es lässt sich nicht von der Hand weisen, dass viele KPD-Mitglieder von ihrer Parteiführung in einen aussichtslosen, völlig falsch eingeschätzten Kampf geschickt wurden.

Letzte legale Ausgabe der »Roten Fahne«, 26./27. Februar 1933

Noch bis 1935 hegte man die Hoffnung auf ein baldiges Ende des NS-Regimes, und erst im August 1935 gab die Kommunistische Internationale (Komintern) in Moskau die sektiererische Position auf, dass der Hauptfeind nicht die NSDAP, sondern die Sozialdemokratie sei, die »Sozialfaschisten«. Doch der Wunsch nach der Volksfront kam zu spät. Erst in der Schlussphase des Krieges arbeiteten Anhänger der KPD und SPD, aber auch anderer politischer Richtungen in einzelnen Widerstandsgruppen zusammen. Im Sommer 1935 veränderte man auch die Taktik: An die Stelle des Verteilens von Druckschriften trat die Arbeit und das Gespräch in den Betrieben. Die lokalen Widerstandsgruppen agierten zunehmend frei und für sich, zumal der Kontakt der kommunistischen Auslandsleitung in Moskau zu den Widerstandsgruppen im Reich abriss.

Hohe Anzahl von Opfern aus den Reihen der KPD

Die aktiven Kommunisten hatten allerdings von ihrer Führung einiges zu ertragen: Den Vorschlag des Generalsekretärs der Komintern, Georgi Dimitroff, von 1935, die Taktik des »Trojanischen Pferdes« anzuwenden und die NS-Organisationen zu unterwandern, schlug fehl und verschaffte der Gestapo ihrerseits die Möglichkeit, die illegalen Zellen der KPD zu unterwandern; eine Reihe von deutschen Kommunisten wurde Opfer des »Roten Terrors« Stalins 1937, der insgesamt mehr Opfer verlangte, als Kommunisten durch Hitlers Verfolgungen erleiden mussten; und schließlich verhöhnte der Hitler-Stalin-Pakt von 1939 auch die Widerstandsarbeit der deutschen Kommunisten und führte zu Irritationen. Unter allen Widerstandsgruppen forderte der Widerstand der KPD die meisten Opfer. Von den Ende 1932 eingeschriebenen 360.000 Parteimitgliedern wurden etwa 150.000 Opfer von Verfolgung, KZ-Haft, Gefängnis, Zuchthaus und Vertreibung, davon mussten etwa 20.000 ihren Widerstand mit dem Tod bezahlen. Das entspricht mehr als der Hälfte aller Deutschen, die wegen ihrer politischen Überzeugung hingerichtet wurden.

Der SPD-Vorstand im Prager Exil: Erich Ollenhauer, Hans Vogel, Friedrich Stampfer, Otto Wels, Siegmund Crummenerl und Albert Grezcinski (v.l.n.r.), Oktober 1933

Der sozialdemokratische Widerstand war erheblich geringer als der kommunistische. Wegen mangelnder Erfahrung im politischen Untergrund fiel es der SPD schwer, sich auf die illegale Arbeit umzustellen. Auch hier herrschte zunächst die Illusion vor, das NS-Regime würde rasch abwirtschaften. In der Parteiführung war ein Konflikt über den einzuschlagenden Kurs entstanden: Der Restvorstand unter Paul Löbe in Berlin setzte auf Legalität und Anpassung, ohne das Verbot der Partei verhindern zu können. In Prag nahm der Exilvorstand der – wie sie sich nannte – »Sopade« (Sozialdemokratische Partei Deutschlands) seinen Sitz unter der Führung von Otto Wels, Hans Vogel und Friedrich Stampfer. Über Kuriere wurden illegale Kontakte zu Mitgliedern in Deutschland gehalten und der »Neue Vorwärts« oder auch kleine Tarnschriften wie »Die Kunst des Selbstrasierens« mit dem Prager Manifest der Exil-SPD von Prag aus ins Reich geschmuggelt. Informationen über die politische und wirtschaftliche Lage und die Stimmung in der Bevölkerung erschienen von April 1934 bis April 1940 als »Deutschland-Berichte der Sozialdemokratischen Partei (Sopade)«.

Widerstand von Sozialdemokraten

Nachdem bereits viele Sozialdemokraten unmittelbar nach der Machtübernahme verhaftet worden waren, zog sich ein großer Teil vollständig ins Privatleben zurück, pflegte aber im Wohnumfeld und bei Geselligkeiten das sozialdemokratische Milieu. Sie »überwinterten«, um nach dem erhofften Zusammenbruch zur Stelle sein zu können. Diejenigen, die Widerstand leisteten, stellten Verbindungen zu den bereits Emigrierten her und bauten Verteilernetze für den Vertrieb der vor allem im Ausland gedruckten Schriften der Exil-SPD her. Einzelne führende Mitglieder wie Julius Leber, Carlo Mierendorff, Adolf Reichwein oder Wilhelm

Leuschner kritisierten die abwartende Haltung der Exilführung. Nachdem die Wehrmacht Westeuropa erobert hatte und die Exilführung verhaftet wurde oder fliehen musste, riss die Verbindung zwischen dem Exil und dem innerdeutschen Widerstand ab.

Geringer Widerstand der Gewerkschaften

Der Widerstand der Gewerkschaften war vergleichsweise schwach. Der Kurs der Anbiederung der Gewerkschaftsführung hatte ihnen das moralische und politische Rückgrat gebrochen. Jedoch äußerte sich oppositionelles Verhalten in zahlreichen ablehnenden Voten gegen die DAF-Einheitsliste bei den Betriebs- und Vertrauensratswahlen 1933/34. Die Gewerkschaft als Organisation leistete keinen Widerstand, sondern nur einzelne Gewerkschafter. Nachdem bis 1937 die kleineren Netzwerke gewerkschaftlicher Widerstandsgruppen zerschlagen waren, beschränkte man sich in einer »Illegalen Reichsleitung« auf Planungen für die »Zeit danach«. Wilhelm Leuschner und der christliche Gewerkschafter Jakob Kaiser bemühten sich bereits, für die Zeit nach dem Nationalsozialismus die Weichen für eine Überwindung der alten sozialistischen, christlichen und liberalen Richtungsgewerkschaften und für die Bildung einer Einheitsgewerkschaft zu stellen.

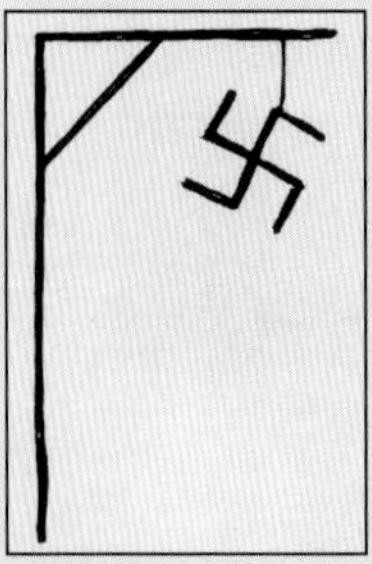

Das Hakenkreuz am Galgen – ein Widerstandssymbol des ISK, um 1933

Eine wichtige Rolle im Widerstand spielten mehrere kleinere linkssozialistische und oppositionell kommunistische Gruppen, die zwischen den verkrusteten Parteiapparaten von SPD und KPD entstanden waren. Anders als KPD und SPD zeichneten sie sich durch eine deutlich realistischere Einschätzung des Nationalsozialismus aus und drängten auf eine Einheitsfront der Nazigegner. Zwischen diesen Gruppen gab es umfangreiche Verbindungen. Die wichtigsten waren: die Sozialistische Arbeiterpartei (SAP), die sich 1931 von der SPD abgespalten hatte und vor allem eine Einheitsfront der Arbeiterbewegung erreichen wollte – sie wurde von Walter Fabian geleitet, zu den Mitwirkenden zählte der junge Willy Brandt; der Internationale Sozialistische Kampfbund (ISK) unter Willi Eichler, der einen

Mitglieder der anarcho-syndikalistischen Gruppe FAUD auf Wanderung im Rheinland, 1934. Wanderungen wurden auch zu politischen Diskussionen genutzt.

ethischen Sozialismus mit hohen persönlichen Anforderungen an den Einzelnen (Vegetarier, Antialkoholiker) vertrat und mit lokalen Stützpunkten im gesamten Reichsgebiet präsent war; die 1933 gegründete Leninistische Organisation um Walter Loewenheim, die nach ihrer Programmschrift »Neu Beginnen« genannt wurde und starke Kritik an den Führungen der Arbeiterparteien übte; die »Roten Kämpfer« um Arthur Goldstein, Alexander Schwab und Karl Schröder, die von basis- und rätedemokratischen Ideen geprägt waren; die Kommunistische Opposition (KPD-O) um Heinrich Brandler und August Thalheimer, die sich von der KPD abgespalten hatte; hinzu kamen anarcho-syndikalistische Gruppen, insbesondere die 1919 gegründete Freie Arbeiterunion Deutschlands (FAUD), die vor allem Gewerkschaftsarbeit leisteten und bis 1937 Widerstandsaktionen durchführen konnten.

Innerparteiliche Gegner Hitlers hatten sich im August 1931 unter der Führung Otto Strassers in der »Schwarzen Front« gesammelt. Sie vertraten einerseits eine extrem völkisch-konservative, andererseits aber auch eine ausgesprochen antikapitalistische Politik. Zu der »Kampfgemeinschaft revolutionärer Nationalsozialisten« zählten neben ehemaligen Nationalsozialisten auch einige enttäuschte Kommunisten. Die 1932 etwa 5.000 Mitglieder umfassende Gruppe setzte nach der Machtübernahme ihre Arbeit z. T. im Untergrund fort. Die regionalen Gruppen versorgten den in Prag bzw. Wien lebenden Otto Strasser mit politischen Lageberichten. Eine große Wirksamkeit konnte die Gruppe im Untergrund jedoch nicht erreichen, frühe Verhaftungswellen sowie Geldnot und Konkurrenten in den eigenen Reihen verhinderten dies.

Stellung der Kirchen und ihrer Mitglieder zum NS-Staat

Aus den Reihen der katholischen Kirche und des Zentrums gab es zunächst kein nennenswertes oppositionelles Verhalten. Viele Katholiken sahen in den wiederholten Zusicherungen Hitlers, den christlichen Glauben zu bewahren und zu sichern, und vor allem im Konkordat des Deutschen Reiches mit dem Vatikan vom 20. Juli 1933 eine Aussöhnung zwischen Katholizismus und Nationalsozialismus. Das Konkordat garantierte das Weiterbestehen der katholischen Vereine und Verbände. Hier konnte zunächst das Eigenleben gegenüber dem NS-Staat gewahrt werden. Die Kirche stellte sich nicht grundsätzlich gegen das Regime und arbeitete nicht auf einen politischen Umsturz hin. Ihr ging es um die Behauptung des kirchlichen Freiraums gegenüber immer häufiger werdenden nationalsozialistischen Übergriffen. Seit 1934 nahmen die Angriffe auf die katholische Kirche zu. Zwischen Juli 1935 und Ende 1937 inszenierte das Regime den offenen »Kirchenkampf« gegen Ordensgemeinschaften und Priester wegen angeblicher Devisenschiebereien und Sittlichkeitsvergehen (Homosexualität).

Das päpstliche Rundschreiben »Mit brennender Sorge« vom März 1937 kritisierte die »wachsende Bedrängnis«, der die Kirche ausgesetzt war, aber auch die Rassenpolitik der Nationalsozialisten, ohne jedoch die Juden konkret zu erwähnen. Auch wenn die katholische wie die evangelische Kirche den offenen Konflikt scheute, stattdessen einen Modus vivendi mit dem Regime suchte und nie bis zur prinzipiellen Aufkündigung des Gehorsams gegen die verbrecherische Obrigkeit vorstieß, bildeten die großen Volkskirchen für viele Menschen einen Freiraum vor der Infiltration mit der NS-Ideologie. Auch in der

Plakat zum Plebiszit zum Austritt aus dem Völkerbund am 12. November 1933. Es zeigt Hitler und den päpstlichen Nuntius Basallo di Torregossa. Text: »Ich habe Sie lange nicht verstanden. Ich habe mich aber lange darum bemüht. Heute verstehe ich Sie. – ›Auch jeder deutsche Katholik versteht heut Adolf Hitler und stimmt am 12. November mit Ja !‹«

starken Beteiligung am kirchlichen Leben, zum Beispiel bei Wallfahrten, manifestierte sich die Selbstbehauptung der Kirche gegenüber den Zugriffen des Staates. Die »Abwehrstelle gegen die nationalsozialistische antichristliche Propaganda« unter der Leitung des Kölner Domvikars Josef Teusch verbreitete zahlreiche Broschüren in einer Gesamtauflage von 17 Millionen Exemplaren. Vor allem richtete er sich gegen die Angriffe von Alfred Rosenberg in dessen Buch »Mythus des 20. Jahrhunderts«. Jedoch gelang es den Nationalsozialisten, durch Einschüchterungen, Zensurmaßnahmen und Verbote den Handlungsspielraum der katholischen Vereine zunehmend einzuschränken und sie bis 1939 schließlich zu verbieten.

Abwehrschrift gegen das Buch von Alfred Rosenberg »Mythus des 20. Jahrhunderts«, 1936

Die große Mehrheit der katholischen Bischöfe war aber auch in der Folgezeit nicht bereit, auf Konfrontationskurs zum NS-Regime zu gehen. Oberstes Ziel blieb der Erhalt der Institution Kirche. In der Bischofskonferenz bildeten jene eine Minderheit, die eine stärkere Kritik am Regime verlangten, wie die Bischöfe Konrad Graf von Preysing in Berlin und Clemens Graf von Galen in Münster. Während des Krieges zeigte sich die Kirche auch ideologisch wieder auf der Seite des Regimes, insbesondere seit 1941 im vorgeblichen Kampf gegen den Bolschewismus. »Erfüllt eure Pflicht gegen Führer, Volk und Vaterland!« – so hieß es in Hirtenworten zum Kriegsbeginn.

Das Versagen der Amtskirchen

Dass das Wort der Kirche einen wichtigen Einfluss ausüben konnte, zeigte ihre öffentliche Kritik an der »Euthanasie« [s. S. 166 ff.]. Die katholische und die evangelische Kirche versagten jedoch in einer sehr zentralen Frage. Keine der beiden Kirchen erhob jemals einen offiziellen Protest gegen die Verfolgung und Ermordung der Juden, nicht zu den Nürnberger Gesetzen 1935, nicht zum Novemberpogrom 1938 und nicht zu den Deportationen seit 1941. Nur Einzelne opponierten gegen das Regime in Wort und Schrift, oft gegen den Willen der Amtskirchen. Bernhard Lichtenberg beispielsweise, der Dompfarrer der Berliner St.-Hedwigs-Kathedrale, betete 1938 öffentlich auch für die verfolgten Juden und kam am 5. November 1943 in der Haft um. Auch zum aktiven Widerstand fanden nur einzelne Katholiken. Die Jesuitenpatres Alfred Delp, Lothar König und Augustin Rösch wirkten im Kreisauer Kreis [s. S. 185 f.]. Männer aus der Katholischen Arbeiterbewegung wie Jakob Kaiser, Josef Joos, Bernhard Letterhaus, Otto Müller und Nikolaus Groß leisteten Widerstand.

Bernhard Lichtenberg, um 1941

Die evangelische Kirche war in ihrer Haltung zum Nationalsozialismus gespalten. Die große Mehrheit der Protestanten hatte den NS-Staat bejaht. Die »Deutschen Christen« versuchten bereits seit 1932, nationalsozialistische Prinzipien in der Kirche durchzusetzen. Der im September 1933 zum »Reichsbischof« gewählte Ludwig Müller beabsichtigte, aus den 28 selbständigen evangelischen Landeskirchen eine nach dem NS-Führerprinzip organisierte evangelische Reichskirche aufzubauen. Dies scheiterte an der innerkirchlichen Oppositionsgruppe »Die Bekennende Kirche« um Pastor Martin Niemöller. Ausgegangen war sie von dem von Niemöller im September 1933 gegründeten »Pfarrernotbund«, dem sich etwa ein Drittel der evangelischen Pfarrer anschloss. Auf der Synode der Bekennenden Kirche in Wuppertal-Barmen im Mai 1934 wurde betont, »auch der totale Staat finde seine Grenze an den Geboten Gottes«. Die zweite Dahlemer Bekenntnissynode postulierte schon im Oktober 1934 ein »kirchliches Notrecht« gegen den totalen Staat. Zu den führenden Exponenten der Bekennenden Kirche gehörten der Theologe Dietrich Bonhoeffer, der bis zu seiner Verhaftung 1943 das illegale Priesterseminar leitete und 1945 im KZ ermordet wurde, und Niemöller, durch seinen mutigen Protest die wichtigste Leitgestalt der »Bekennenden Kirche«; er wurde im Juli 1937 verhaftet und bis zum Ende der NS-Herrschaft im KZ festgehalten.

Dietrich Bonhoeffer, um 1936

KZ-Häftlingsjacke mit dem lila »Winkel«, mit dem Angehörige der Zeugen Jehovas gekennzeichnet wurden

Die Zeugen Jehovas, damals als »Ernste Bibelforscher« bekannt, traf die ganze Härte des Regimes. Bereits wenige Monate nach der Machtübernahme wurden sie 1933 als einzige Glaubensgemeinschaft verboten. Dennoch setzten viele Mitglieder beharrlich ihre Arbeit fort, trafen sich zu ihren Zusammenkünften und vertrieben illegal ihre Schriften. Mit einer ebenso ungewöhnlichen wie entschiedenen Konsequenz weigerten sich die Zeugen Jehovas Kriegsdienst zu leisten, den so genannten »Deutschen Gruß« zu entrichten und in NS-Organisationen als Mitglied einzutreten. Viele Zeugen Jehovas wurden diskriminiert und verfolgt, verloren ihre Arbeit oder wurden verhaftet und zu Gefängnisstrafen verurteilt bzw. in Konzentrationslager eingewiesen, wo sie einen lila Winkel als Erkennungszeichen an ihrer Kleidung tragen mussten. Von den rund 25.000 Zeugen Jehovas, die 1933 in Deutschland lebten, wurden etwa 10.000 in Gefängnissen inhaftiert und in Konzentrationslagern interniert, über 2.000 von ihnen wurden ermordet oder starben unter den Haftbedingungen. Rund 250 Zeugen Jehovas wurden von der NS-Militärjustiz wegen Kriegsdienstverweigerung zum Tode verurteilt und hingerichtet.

Unangepasstes und oppositionelles Verhalten von Jugendlichen

In Konflikt mit dem Regime gerieten von Beginn an auch – und gerade – zahlreiche Jugendliche. Die Jugend für sich zu vereinnahmen, war ein erklärtes Ziel des NS-Staates. Dieser Anspruch drückte sich darin aus, dass die Hitler-Jugend mehr und mehr das Monopol beanspruchte, bevor sie 1936 auch offiziell zur Staatsjugend wurde. Die politischen Jugendverbände, Pfadfinder und bündische Organisationen in der Tradition der »Wandervögel«, auch Sportvereine und die christlichen Jugendbünde (wie z. B. »Neudeutschland«) wurden verboten und der Übertritt zur HJ verpflichtend. Die katholischen Jugendgruppen blieben zwar infolge des Konkordats zunächst von der Auflösung verschont, doch ihre Arbeit wurde zunehmend behindert und 1939 wurden auch sie verboten. Die Schikanen der HJ stärkten den Selbstbehauptungswillen der mehrere Hunderttausend zählenden jungen Katholiken in den katholischen Jugendverbänden, der sich in ihrer sehr starken Teilnahme an Fronleichnamsprozessionen, Festgottesdiensten oder Wallfahrten niederschlug und sich wiederholt in handfesten Konflikten mit der HJ entlud.

»Navajos« und »Edelweißpiraten«

Die »Navajos« oder in den späteren Kriegsjahren die »Edelweißpiraten« waren vor allem im Rheinland und Ruhrgebiet aktiv. Sie stammten zumeist aus Arbeiterfamilien, wie auch die »Meuten« in Leipzig und Erfurt oder die »Proletengefolgschaften« in Halle. Sie entzogen sich der Hitlerjugend und deren Drill, lebten eigene Formen jugendlichen Verhaltens mit Wanderungen, Gesang und – seltener – politischen Diskussionen. Sie zeigten zum Teil provokativ ein unangepasstes Verhalten, was am augenfälligsten bereits in ihrer Kleidung und in ihren Liedern zum Ausdruck kam. Nicht selten gingen sie Prügeleien mit der HJ ein.

Gruppe von Navajos auf Wanderschaft, 1940/41

Hans und Sophie Scholl mit Christoph Probst, 24. Juli 1942

Dem bürgerlichen Milieu entstammten die Mitglieder der »Swing-Jugend«, die ab 1939 mit Schwerpunkt in Hamburg eine eigene jugendliche Subkultur aufgebaut hatten. Auch sie provozierten die NS-Behörden durch längeres Haar, lässiges Auftreten und zwanglose Kleidung, vor allem aber durch ihre Vorliebe für den in Deutschland verbotenen Swing und Jazz.

Viele Jugendliche wehrten sich gegen das totale Erfasstwerden durch den Staat. Von der stillen Verweigerung bis hin zu offenen Ablehnung: Die Formen und Motive des Jugendprotestes waren vielfältig, er war wohl zahlenmäßig umfangreicher als der der Erwachsenen. Das Regime verfolgte den Protest und die Verweigerung von Jugendlichen als Widerstand. Zu Zehntausenden wurden Jugendliche von der Gestapo verhaftet, eine Vielzahl von ihnen verurteilt und inhaftiert, einige im KZ.

Der studentische Widerstand der »Weißen Rose« in München

In der Studentenschaft war Widerstand, wie er von der »Weißen Rose« in München geleistet wurde, die große Ausnahme. Den Kern dieser Gruppe bildeten fünf Studenten, zwischen 21 und 25 Jahre alt: Hans und Sophie Scholl, Willi Graf, Christoph Probst und Alexander Schmorell. Ihr Mentor war Professor Kurt Huber. Graf, Schmorell und Scholl hatten die Grausamkeit des Krieges als Soldaten an der Ostfront erfahren.

Im Juni und Juli 1942 tauchten in München insgesamt vier Flugblätter auf, verfasst vor allem von den beiden Medizinstudenten Hans Scholl und Alexander Schmorell. Diese Flugblätter richteten sich an das gebildete Bürgertum und riefen zum passiven Widerstand gegen den verbrecherischen Krieg des Hitler-Regimes auf. Die beiden letzten Flugblätter der Weißen Rose vom Januar und Februar 1943 wiesen auf die aussichtslose Kriegslage nach der Katastrophe von Stalingrad hin und forderten zum aktiven Kampf gegen das verbrecherische Regime auf. Nach der Entdeckung wurden die führenden Mitglieder der Gruppe vom Volksgerichtshof zum Tode verurteilt.

Die Widerstandsgruppe um Herbert Baum in Berlin

Anderer Herkunft waren die jungen Arbeiter um Herbert Baum in Berlin. Die Gruppe zählte etwa 100 Mitglieder, die sich in mehreren Widerstandskreisen organisierten. Die meisten stammten aus der jüdischen Jugendbewegung, die führenden Personen waren kommunistisch orientiert und es gab einen hohen Anteil weiblicher Jugendlicher. Kulturelle Arbeit und politische Diskussionen wurden in der Gruppe gepflegt. Bereits in den Jahren 1933 bis 1935 wurde illegales Material verteilt, Klebezettel- und Malaktionen durchgeführt. Mit der Einführung des Judensterns im September 1941 veränderte sich auch die Situation der Gruppe. Höhepunkt und Ende des Widerstandes der Herbert-Baum-Gruppe war ein Brandanschlag auf die antikommunistische Propagandaausstellung »Das Sowjetparadies« im Berliner Lustgarten am 18. Mai 1942, an der sich auch andere Widerstandsgruppen beteiligten. Auf den verteilten Flugblättern stand: »Ständige Ausstellung – das NAZI-PARADIES – Krieg. Hunger. Lüge. Gestapo. Wie lange noch?« Die Gestapo konnte wenige Tage später die Beteiligten an dem Anschlag verhaften. In mehreren Prozessen wurden über 20 Mitglieder der Gruppe zum Tode verurteilt. Herbert Baum nahm sich nach schwerer Folter in Gestapohaft wahrscheinlich das Leben.

Auch zahlreiche Einzelpersonen zeigten nonkonformes Verhalten oder leisteten Opposition und Widerstand. Einfache Menschen, die in einem für sie selbstverständlichen Akt von Menschlichkeit handelten und nach 1945 selten viel Aufsehen um ihre oft sehr mutige Tat machten, gaben Kriegsgefangenen und Zwangsarbeitern etwas zu essen. Über 5.000 Juden überlebten in Deutschland, weil sie versteckt wurden. Die Tat eines Einzelgängers, des Kunstschreiners Johann Georg Elser, war das vor 1943 einzige Erfolg versprechende Attentat auf Hitler, der missglückte Anschlag am 8. November 1939 im Münchner Bürgerbräukeller. Elser wurde nach fünfjähriger Internierung im KZ Sachsenhausen Ende 1944 im KZ Dachau erschossen. Insgesamt sind über 40 gescheiterte Attentatsversuche auf Hitler bekannt.

Johann Georg Elser, 1939

Emigration

Auch die Emigration war stets sowohl Flucht vor Verfolgung und Tod als auch Protest und Ablehnung. Seit Hitlers Machtantritt flüchteten allein aus Deutschland rund eine halbe Million Menschen, über 90 Prozent Juden, der Rest politische Gegner und ein kleinerer Teil kulturell Verfolgte. Anfang 1938 waren bereits 160.000 bis 175.000 Juden aus dem »Altreich« und aus »Großdeutschland« ausgewandert, bis zum endgültigen Auswanderungstopp im Oktober 1941 etwa 455.000. Die Emigration führte die Menschen in etwa 80 Länder, zunächst vornehmlich in die Nachbarländer des Deutschen Reichs, schließlich rund um die Welt. Die USA nahmen seit 1937 mit 132.000 die meisten Juden aus Deutschland auf, gefolgt von Lateinamerika (80.000 bis 90.000; allein Argentinien 30.000), Großbritannien (75.000), Palästina (75.000) und als letzter Fluchtpunkt Shanghai (13.000), wo man ohne Pass und Visum hingelangen konnte. Etwa 100.000 emigrierten in Länder, in denen ihnen nach dem Einmarsch deutscher Truppen erneut Verfolgung drohte, wenn sie nicht abermals flohen.

Die USA nahmen die meisten Flüchtlinge auf

Schwieriges Leben in der Emigration

Die meisten Flüchtlinge konnten gerade das nackte Leben retten und mussten in der Emigration vielfach ein einsames und sozial dürftiges Leben voller Not und Verzweiflung fristen. Eine Reihe von ihnen trieb es zum Selbstmord, unter ihnen Walter Benjamin, Ernst Toller, Kurt Tucholsky und Stefan Zweig. Den Emigranten wurde vom NS-Regime zumeist die deutsche Staatsbürgerschaft entzogen und ihr Vermögen beschlagnahmt – insgesamt geschah dies 39.000 Mal. Unter den Emigrierten befanden sich berühmte Künstler und führende Wissenschaftler: Max Beckmann, Bertolt Brecht, Alfred Döblin, Albert Einstein, Ernst Ludwig Kirchner, Otto Klemperer, Oskar Kokoschka, Thomas und Heinrich Mann, Lise Meitner, Kurt Tucholsky, Else Lasker-Schüler, Franz Werfel u. v. a. Ein Aderlass ohne Gleichen.

In den Gastländern entstand – anders als bei den emigrierten Franzosen, Tschechen oder Niederländern – kein politisches Führungszentrum oder eine Exilregierung. Wie im Widerstand blieben in der Emigration die weltanschaulichen und sozialen Unterschiede zwischen den Emigranten bestimmend und verhinderten einen gemeinsamen Kampf. »Es gab keine deutsche Emigration; es gab nur deutsche Emigranten«, so formulierte es Sebastian Haffner überspitzt. Ein besonders bitteres Schicksal erlebten jene, denen die Flucht wegen der rigiden Einwanderungspolitik einiger Länder nicht gelang.

Jüdische Flüchtlingskinder nach ihrer Ankunft in England, 1938. Die Kinder stammten zum Großteil aus Wien; die zurückgebliebenen Eltern wurden zumeist später in der Shoa ermordet.

Rassistische Ausgrenzung und Verfolgung bis 1939

1933 lebten in Deutschland eine halbe Million Juden

Am 30. Januar 1933 war der Rassismus und Antisemitismus zum Regierungsprogramm erhoben worden. Zuerst und vor allem traf der Rassenwahn die Juden. 1933 lebten in Deutschland etwas mehr als eine halbe Million Bürger jüdischen Glaubens (0,75 Prozent der Gesamtbevölkerung). Juden wohnten vornehmlich in Großstädten. In Berlin lebten 31 Prozent aller deutschen Juden, was allerdings nur 3,8 Prozent der Berliner Bevölkerung ausmachte. In einigen wenigen Berufen waren Juden überdurchschnittlich vertreten, vor allem als Mediziner (Anteil von 16,3 Prozent), Rechtsanwälte (Anteil von 10,9 Prozent) und in kaufmännischen und künstlerischen Berufen. Juden prägten das deutsche Wirtschaftsleben maßgeblich mit und leisteten Hervorragendes in Kultur und Wissenschaft. Die Nationalsozialisten definierten »Juden« aber nicht (nur) religiös, sondern verfolgten auch jene – statistisch nicht weiter erfasste Zahl – von Deutschen jüdischer Abstammung, deren Eltern oder Großeltern oder frühere Vorfahren einmal einer jüdischen Gemeinde angehört hatten, unabhängig davon, dass viele seit langem Christen waren und keinerlei kulturelle Bindungen an das Judentum mehr hatten. Obwohl die Juden nur eine kleine Minderheit darstellten, verstanden es die Nationalsozialisten, das propagandistische Zerrbild von der »Überfremdung« und der jüdischen Gefahr zu vermitteln.

Zunehmende antisemitische Diskriminierungen

Schon im Februar und März 1933 häuften sich antisemitische Aktionen. SA und örtliche Parteifunktionäre gingen zu »wilden« Aktionen über. Beispielsweise stürmten in Breslau am 11. und in Köln am 31. März 1933 SA-Männer die Gerichtsgebäude und jagten alle Richter und Anwälte, die sie für Juden hielten, unter dem Ruf »Juden raus!« auf die Straße. In Köln wurden sie auf Wagen der städtischen Müllabfuhr, von denen man die Mülltonnen entfernt hatte, in den Straßen

Boykottpropaganda gegen jüdische Geschäftsinhaber: SA- und SS-Mann vor einem Modegeschäft in Berlin, 1. April 1933

zur Schau gestellt. In Breslau solidarisierten sich nichtjüdische Kollegen mit den Angegriffenen, aus Köln ist das nicht bekannt.

Grundlegend neu war es, dass der Staat selbst zu offenen antisemitischen Demonstrationen und Ausschreitungen griff. Am 1. April 1933 erfolgte der reichsweite Boykott jüdischer Geschäfte, Unternehmen, Arztpraxen und Anwaltskanzleien. SA-Männer positionierten sich mit Transparenten wie »Deutsche, wehrt Euch! Kauft nicht bei Juden!« vor den Geschäften, um die Passanten am Betreten der Läden und Warenhäuser zu hindern. Jüdische Geschäftsleute trieb man durch die Straßen, wobei sie demütigende Plakate tragen mussten. In Zeitungen veröffentlichte man Fotos von Menschen, die dennoch in den Geschäften einkauften. Doch die Aktion verlief anders, als von den Nationalsozialisten erwartet: Die große Mehrheit stand schweigend abseits. Viele ließen sich nicht davon abhalten, jüdische Geschäfte zu betreten. Hinzu kam deutliche Kritik im Ausland. Die Regierung sah sich veranlasst, den Boykott nach drei Tagen vorzeitig abzubrechen. In vielen Städten war ein beträchtlicher Teil der Bevölkerung noch nicht bereit, den aggressiven Antisemitismus der NS-Führung mitzutragen, wärend aber vor allem in Dörfern und kleinen Orten besonders gewalttätig gegen die jüdischen Nachbarn vorgegangen wurde.

Der staatlich verordnete Antisemitismus fand nun zum ersten Mal Eingang in ein Gesetz: Am 7. April 1933 trat das »Gesetz zur Wiederherstellung des Berufsbeamtentums« in Kraft, durch das vor allem Juden, aber auch politisch Unerwünschte (hier vor allem Kommunisten und Sozialdemokraten und einige Zentrumsmitglieder) ihren Arbeitsplatz im öffentlichen Dienst verloren. Sie wurden entlassen oder zwangspensioniert. Der mit dem Gesetz eingeführte »Arierparagraph« wurde bald auch in anderen Bereichen (Rechtsanwälte, Ärzte, Steuerberater) angewandt. Jüdische Frontkämpfer des Ersten Weltkriegs blieben nach einer Intervention des Reichspräsidenten zunächst noch ausgenommen. Das Gesetz erstreckte sich bald auch auf Angestellte und Arbeiter; letztere machten den größten Teil der Entlassenen aus.

Der Prozess der Diskriminierung verlief nicht kontinuierlich, sondern gewann in bestimmten Phasen an Dynamik und Brutalität. Die Radikalisierung der rassistischen Politik vollzog sich stufenweise. Die nationalsozialistische Judenpolitik vor dem Zweiten Weltkrieg umfasste eine Vielzahl von einzelnen Verordnungen, Maßnahmen und Gesetzen, die insgesamt jüdisches Leben in Deutschland in Frage stellen und letztlich unmöglich machen sollten. Der Historiker Joseph Walk hat, ohne Anspruch auf Vollständigkeit, für den Zeitraum vom 31. Januar 1933 bis zum 1. September 1939 insgesamt 1.448 antisemitische Maßnahmen auf Reichs-, Länder- und Kommunalebene gezählt.

Insgesamt 1.448 antisemitische Maßnahmen auf Reichs-, Länder- und Kommunalebene von Januar 1933 bis September 1939

Um nur einige von ihnen zu nennen: Ab dem 15. März 1933 wurde die Zuwanderung von Ostjuden verboten. Das »Gesetz gegen die Überfüllung von deutschen Schulen und Hochschulen« vom 25. April 1933 begrenzte die Neuzulassung jüdischer Schüler und Studenten auf 1,5 Prozent. Dies war die Vorstufe des vollständigen Ausschlusses, der 1938 vollzogen wurde. Im Mai

1935 wurden Juden vom Wehrdienst ausgeschlossen. Kinderreiche jüdische Familien erhielten ab März 1936 keine Unterstützung mehr. Jüdische Lehrer, die bereits 1933 aus dem staatlichen Dienst entlassen worden waren, durften ab Oktober 1936 keinen Privatunterricht mehr an Nichtjuden erteilen. Ab April 1937 konnten Juden nicht mehr den Doktortitel erwerben. Jüdische Ärzte verloren im September 1937 die Krankenkassenzulassung und im Juli 1938 wurde ihnen die Approbation entzogen. Mit jüdischen Rechtsanwälten und anderen Berufsgruppen wurde bald ebenso verfahren. Dies brachte viele in existenzielle Not. Ende April 1938 hatten alle Juden ihr Vermögen zu deklarieren, wenn es 5.000 RM überstieg. Ab Juli 1938 mussten jüdische Unternehmen äußerlich gekennzeichnet werden. Ab August mussten die zusätzlichen Vornamen Sara bzw. Israel geführt werden und ab Anfang Oktober 1938 trugen die Reisepässe der Juden ein rotes »J«. Es gab aber auch Schikanen anderer Art: Parkbänke mit der Aufschrift »Nur für Arier«; Verbote, städtische Badeanstalten zu besuchen; Schilder an Eingängen zu Restaurants, Hotels, Geschäften und Urlaubsorten: »Juden sind hier unerwünscht«.

»Juden sind in Behringersdorf nicht erwünscht«. Aushang am Eingang eines Dorfes bei Nürnberg, 1933

Zu Bürgern zweiter Klasse, zu Menschen minderen Rechts wurden die Juden durch die im September 1935 auf dem »Reichsparteitag der Freiheit« in Nürnberg verkündeten »Nürnberger Gesetze« degradiert. Das »Reichsbürgergesetz« unterschied zwischen Reichsbürgern und Staatsbürgern. Nur »Arier« konnten »Reichsbürger« mit allen politischen Rechten sein, während Juden als Personen »nichtarischen Blutes« – wie auch die »Zigeuner« – »Staatsangehörige« ohne politische Rechte blieben.

»Däm han se op d'r Schlips getrodde« (Ihm hat man auf den Schlips getreten). Antisemitischer Karnevalswagen zu den Nürnberger Gesetzen von 1935 im Kölner Rosenmontagszug, 1936

Das »Gesetz zum Schutz des deutschen Blutes und der deutschen Ehre«, kurz »Blutschutzgesetz« genannt, griff in sehr private Bereiche ein. Es verbot Eheschließungen zwischen Juden und Nichtjuden und stellte außerehelichen Geschlechtsverkehr zwischen »Deutschblütigen« und Juden als »Rassenschande« unter harte Strafe. Das Gesetz (und die u. a. von Hans Globke erarbeiteten Kommentare) regelte auch, wer als Jude zu gelten hatte. Danach wurde zum Juden bestimmt, wer von drei jüdischen Großelternteilen (»Dreivierteljude«) abstammte, wer zwei jüdische Großeltern (»Halbjude«) hatte und der jüdischen Religionsgemeinschaft angehörte oder mit einem »Volljuden« verheiratet war. Die rassische Zuordnung war entscheidend geworden. Perfide genau wurde die jüdische Minderheit eingeteilt in »Volljuden«, »Mischlinge 1. oder 2. Grades«, »Geltungsjuden«, als »jüdisch versippt« oder mit einem nicht-jüdischen Ehepartner in »privilegierter Mischehe« lebend, was zunächst vor Verfolgungen schützte. Die nicht-jüdische Mehrheit hatte über »Abstammungsnachweise« ihre »arische« Herkunft zu belegen. Mit den Nürnberger Gesetzen war die 1871 erreichte Emanzipation rückgängig gemacht worden und der Weg in den Holocaust gebahnt.

Novemberpogrom 1938 und wirtschaftliche Ausplünderung

Seit 1938 ging es dem Regime darum, Juden aus dem wirtschaftlichen Leben herauszudrängen, was in den Jahren 1933 bis 1937 aus wirtschaftlichen und außenpolitischen Gründen vergleichsweise zurückhaltend betrieben worden war. Doch hatten bereits früh jüdische Vorstands- und Aufsichtsratsmitglieder aus Firmen ausscheiden müssen und die ersten »Arisierungen« stattgefunden. Jüdische Geschäfte und Fabriken waren unter wirtschaftlichen Druck geraten, so dass sich viele Inhaber gezwungen sahen, unter Preis zu verkaufen. Von den 100.000 jüdischen Betrieben zu Beginn des Jahres 1933 existierten im Frühjahr 1938 nur noch knapp 40.000. Hitler selbst forderte seit Herbst 1937, Juden aus der Wirtschaft endgültig zu verdrängen. Göring erklärte im Oktober 1938: Die Juden »müssten aus der Wirtschaft 'raus«, um mit dem jüdischen Vermögen die Aufrüstung zu finanzieren. Dies mündete unmittelbar in den Novemberpogrom vom 9./10. November 1938 mit seinen Folgen.

Mit dem Pogrom erreichte die Ausgrenzungs- und Verfolgungspolitik ihren vorläufigen Höhepunkt. Als Vorwand diente das Attentat des 17-jährigen deutsch-polnischen Juden Herschel Grünspan auf den deutschen Legationssekretär Ernst vom Rath in Paris. Es war ein Akt ohnmächtigen Protests gegen die Abschiebung von 17.000 Juden aus Deutschland im Oktober 1938, darunter befanden sich Grünspans Eltern (»Polenaktion«). Auf der üblichen Feier der Parteigrößen zum Jahrestag des Putschversuchs von 1923 in München hielt Goebbels auf Weisung Hitlers unmittelbar, nachdem bekannt wurde, dass Rath verstorben

Brennende Synagoge in Essen, 10. November 1938

war, eine Hetzrede der übelsten Sorte. Sie wurde von den anwesenden Gauleitern als das verstanden, was sie sein sollte: die Aufforderung zum Losschlagen, die nun bis in die Kreis- und Ortsgruppenleitungen weitergegeben wurde. Zumeist in Zivil erschienen SA-Männer und Parteiangehörige vor den Synagogen und inszenierten den »spontan aufwallenden Volkszorn«. 101 Synagogen wurden in Brand gesetzt, 76 zerstört. Die Feuerwehr war angewiesen, nicht die Synagogen, sondern die angrenzenden Nachbarhäuser zu schützen. Selbst nach offiziellen Angaben wurden rund 7.500 jüdische Geschäfte und zahlreiche Wohnungen geplündert, ganze Familien misshandelt. An den Zerstörungen und Plünderungen beteiligten sich auch Nicht-Parteimitglieder; Schadenfreude war häufig zu beobachten, jedoch standen auch viele abseits, schauten eingeschüchtert und angewidert weg. Offener Protest der Bevölkerung wurde selten registriert.

Folgen des Pogroms

91 Menschen wurden ermordet, viele auf offener Straße, 30.000 Juden in die Konzentrationslager Dachau, Buchenwald und Sachsenhausen gebracht. Sie wurden nach Wochen wieder freigelassen, wenn sie versicherten auszuwandern. Ein Ziel des Pogroms war es, den Druck zur Auswanderung zu erhöhen. Nachdem in Wien bereits seit August 1938 eine »Zentralstelle für jüdische Auswanderung« unter Leitung von Adolf Eichmann arbeitete, wurde im Januar 1939 in Berlin eine »Reichszentrale für die jüdische Auswanderung« gebildet, die Eichmann ab Oktober 1939 führte.

Mit dieser Schreckensnacht, von den Nationalsozialisten als »Reichskristallnacht« verharmlost, begann ein neues Kapitel der NS-Rassenpolitik: Die Ausplünderung und Enteignung jüdischen Besitzes trat in eine neue, extreme Phase. Es begann mit dem ungeheuerlichen Zynismus, dass Juden für die während des Pogroms entstandenen Schäden aufkommen mussten und man ihnen als »Sühneleistung« eine Kontribution von einer Milliarde Reichsmark auferlegte. Auch die

Zahlungen der Versicherungen in Höhe von 225 Millionen Reichsmark flossen dem Staat zu und nicht den Inhabern der beschädigten Geschäfte. Am 12. November 1938 trat die »Erste Verordnung zur Ausschaltung der Juden aus dem deutschen Wirtschaftsleben« in Kraft. Diejenigen, die auswanderten, mussten nun eine »Reichsfluchtsteuer« zahlen. Zur Auswanderung getrieben werden sollten die Juden durch begleitende schikanierende Maßnahmen im Alltag: Ihnen wurde verboten, Kinos und Theater zu besuchen, und sie durften nur noch bestimmte Eisenbahnabteile benutzen. Alle Zwangszahlungen von Juden zusammen genommen, flossen über zwei Milliarden Reichsmark in die Reichskasse. In den Wochen nach dem Pogrom wurde im »Schwarzen Korps«, dem internen Presseorgan der SS, offen davon geschrieben, man müsse das »Parasitenvolk auslöschen. Das Ergebnis wäre das tatsächliche und endgültige Ende des Judentums in Deutschland, seine restlose Vernichtung.« Als Zeitpunkt hatte Göring bereits am 12. November 1938 den Ausbruch des Krieges genannt, bei dem es gelte, »eine große Abrechnung mit den Juden zu vollziehen.«

»Ausschaltung der Juden aus dem deutschen Wirtschaftsleben«

Die Plünderung jüdischen Besitzes ging weiter. Seit dem 1. Januar 1939 war es den Juden verboten, Einzelhandelsgeschäfte und Handwerksbetriebe zu führen und Waren auf Märkten zu verkaufen. Für einen Bruchteil des Wertes wurden die Betriebe nun »arisiert«. Selbst minimale Erlöse wurden auf Sperrkonten eingezahlt und später zugunsten des Deutschen Reiches konfisziert. Auch Schmuck, Juwelen, Antiquitäten mussten die Juden zwangsweise weit unter Wert verkaufen, Wertpapiere und Aktien ins Zwangsdepot geben. Auch jüdischer Immobilienbesitz wurde »arisiert«.

»Arisierung«: Plünderung jüdischen Besitzes

»Jetzt arisch« – Anzeige in einer Kölner Zeitung nach erfolgter »Arisierung« eines Schuhgeschäftes, 1936

Jüdischen Arbeitnehmern wurde gekündigt, fast alle Selbständigen erhielten Berufsverbot. Von 3.152 Ärzten konnten 709 noch als »Krankenbehandler« ausschließlich jüdische Patienten versorgen. Im April 1939 begannen mit einem »Gesetz über Mietverhältnisse mit Juden« die Vorbereitungen der Zusammenlegung jüdischer Familien in »Judenhäusern«. Der Weg zur Deportation war nun geebnet. Mit den Deportationen ab Herbst 1941 wurde die »Arisierung« nochmals forciert und der Kreis der Nutznießer deutlich erweitert. Im Krieg konnten Bombengeschädigte – aber nicht nur diese – bei Versteigerungen den Hausrat der deportierten Juden aus Deutschland und den besetzten Ländern zu Billigpreisen erwerben und profitierten somit direkt von der Ermordung der Juden. Die »Arisierung« stellt ein Breitenphänomen dar, bei dem insbesondere bis 1938 lokale Instanzen die Schrittmacher waren. Staat und Kommune, vom Großunternehmer bis zum Fürsorgeempfänger, zogen ihren Nutzer daraus. »Arisiert« wurden Unternehmen und Immobilien, aber auch Gemälde, Möbel, Besteck und sogar Unterwäsche. Die Vernichtung der wirtschaftlichen Existenz der Juden in der NS-Zeit bedeutete den größten Besitzwechsel in der neueren deutschen Geschichte.

Größter Besitzwechsel in der neueren deutschen Geschichte

Zwangssterilisationen

Die Verfolgung und spätere Ermordung der Juden stand im Zentrum der nationalsozialistischen Rassenpolitik. Es wurden jedoch auch andere Gruppen aus rassistischen Gründen verfolgt. Aufgrund des bereits am 14. Juli 1933 erlassenen »Gesetzes zur Verhütung erbkranken Nachwuchses« konnten Menschen zwangssterilisiert, d. h. gegen ihren Willen unfruchtbar gemacht werden. Zum ersten Mal traf ein rassenpolitisch begründetes Gesetz auch die »Deutschblütigen«. Die Nationalsozialisten verstanden ihre Bevölkerungspolitik in einem züchterischen Sinne: »Rassisch Wertvolle«, »Erbgesunde« sollten sich vermehren, »rassisch

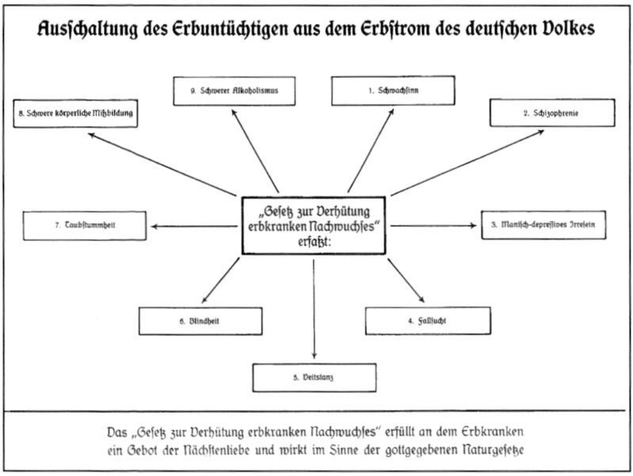

Grafik zum »Gesetz zur Verhütung erbkranken Nachwuchses«, aus: »Erblehre und Rassenkunde in bildlicher Darstellung« von Alfred Vogel, 1938

Minderwertige« daran gehindert werden. Zur NS-Rassenideologie zählte wesentlich das »Ausmerzen« der »Erbkranken« und die »Auslese« der »Erbgesunden«. Das Gesetz baute auf dem Sterilisationsgesetz aus dem Jahr 1932 auf. Die Idee, »Erbkranke« sterilisieren zu lassen, war bereits im Kaiserreich und der Weimarer Republik bis hin zur politischen Linken vertreten worden. Die im Gesetz festgelegten Kriterien für Zwangssterilisationen waren sehr weitgehend: angeborener Schwachsinn, Schizophrenie, zirkuläres (manisch-depressives) Irrsein, erbliche Fallsucht (Epilepsie), erblicher Veitstanz, erbliche Blindheit, erbliche Taubheit, schwere erbliche Missbildung oder schwerer Alkoholismus. Anträge auf Zwangssterilisation wurden von Ärzten, Lehrern, Fürsorgern und Anstaltsleitern gestellt. Ärzte der Beratungsstellen für Erb- und Rassenpflege der Gesundheitsämter verfassten Gutachten. Die an den Amtsgerichten eingerichteten Erbgesundheitsgerichte bzw. die Erbgesundheitsobergerichte als zweite Instanz entschieden über die Anträge. In der NS-Zeit wurden rund 350.000 bis 400.000 Menschen zwangssterilisiert, 5.000 starben bei dem Eingriff. Neben den biologischen Kriterien spielte die soziale Indikation eine wichtige Rolle. Rund drei Viertel der Sterilisationen erfolgten aufgrund der Diagnose

Bis zu 400.000 Menschen wurden zwangssterilisiert

Schwachsinn und Schizophrenie. Mehrheitlich betroffen waren Behinderte, Fürsorgeempfänger, kinderreiche »Asoziale« und Hilfsschüler.

Die nationalsozialistische »Zigeunerverfolgung«

Die nationalsozialistische »Zigeunerverfolgung« ist mit der Verfolgung der Juden am ehesten zu vergleichen. Auch diese Gruppe, zu der als bekannteste die Sinti und Roma zählen, wurde bereits lange vor 1933 diskriminiert. Vom NS-Staat als »artfremde und minderwertige Rasse« systematisch verfolgt, wurden sie aus dem Staatsdienst entlassen. Man verweigerte ihnen zunehmend die so genannten Wanderscheine, die sie für ihre Berufsausübung brauchten. Zudem wurden »Zigeuner« als »Asoziale« verfolgt und eine Reihe von ihnen zwangssterilisiert. Die »Nürnberger Gesetze« von 1935 galten auch für »Zigeuner«. Eheschließungen von »deutschblütigen Personen mit Zigeunern, Negern oder ihren Bastarden« waren verboten. Seit 1938 durften ihre Kinder keine öffentlichen Schulen mehr besuchen. Später wurden Sinti und Roma von der Wehrpflicht ausgeschlossen und aus der Wehrmacht entlassen, obwohl »Zigeuner« im Ersten Weltkrieg gedient hatten und eine Reihe von ihnen bereits im Zweiten Weltkrieg eingezogen worden war.

Die Kriminalpolizei organisierte die Verfolgung der Sinti und Roma

Während für die Verfolgung der Juden »Judenreferate« bei der Gestapo eingerichtet wurden, blieb die Überwachung und Verfolgung der Sinti und Roma im Zuständigkeitsbereich der Kriminalpolizei, da sie traditionell unter dem Generalverdacht standen, »asozial« und kriminell zu sein. So wurden bei den Kriminalpolizeileitstellen seit 1938 »Dienststellen für Zigeunerfragen« eingerichtet. Im Reichskriminalpolizeiamt in Berlin war 1938 die »Reichszentrale zur Bekämpfung des Zigeunerunwesens« geschaffen worden. Die Kriminalpolizei arbeitete eng zusammen mit der 1936 beim Reichsgesundheitsamt gegründeten »Rassenhygienischen und bevölkerungsbiologischen Forschungsstel-

Eine Gruppe von »Zigeunern« in Asperg bei Stuttgart vor dem Abtransport zur Deportation von Sinti und Roma, 22. Mai 1940

le«, die von dem Nervenarzt Dr. Dr. Robert Ritter geleitet wurde. Sie hatte die Aufgabe, alle im Deutschen Reich lebenden Zigeuner zu erfassen und nach rassistischen Kriterien einzustufen sowie »Gutachterliche Äußerungen« für die Kriminalpolizei zu erstellen. Die Verfolgung von Sinti und Roma wurde durch die Einrichtung von »Zigeunerlagern« erheblich verschärft. Das seit Mai 1935 bestehende erste Lager in Köln-Bickendorf diente als Muster für den Bau weiterer Lager in Deutschland. Als erste Gruppe überhaupt wurden im Mai 1940 Sinti und Roma nach Osten in die besetzten polnischen Gebieten deportiert. Mit dem Überfall auf die Sowjetunion am 22. Juni 1941 begann die Phase der systematischen Ermordung. Zunächst ermordeten Einsatzgruppen der Sicherheitspolizei und des Sicherheitsdienstes sowie Einheiten der Wehrmacht und der Ordnungspolizei unmittelbar hinter der deutschen Front in den besetzten Gebieten neben Juden auch Zehntausende Sinti und Roma. Seit Februar 1943 wurden 22.600 Sinti und Roma aus elf europäischen Ländern in das Konzentrationslager Auschwitz deportiert, nur wenige überlebten. Im Vernichtungslager Auschwitz-Birkenau (Auschwitz II) wurde ein »Zigeunerlager« errichtet, das aus 32 Holzbaracken bestand. Viele Tausend starben bereits an den Folgen der verheerenden Zustände in den Baracken, an Hunger und Seuchen wie Fleckfieber oder der Kinderseuche Noma. Zwillingspaare wurden von Josef Mengele zu medizinischen Experimenten missbraucht (s. S. 174 f.). In der Nacht vom 2. auf den 3. August 1944 wurden alle 2.897 Sinti und Roma, die die Schrecken und Seuchen des Lagers bis dahin überlebt hatten, in den Gaskammern ermordet. Die Gesamtzahl der ermordeten Sinti und Roma aus elf europäischen Ländern wird auf 220.000 bis 500.000 Menschen geschätzt.

Rassistische Verfolgung von »Asozialen«, Homosexuellen und Schwarzen

Verfolgung von »Asozialen«

Als »Asoziale« galten für die Nationalsozialisten Personen, die »sich in die Ordnung der Volksgemeinschaft nicht einfügen wollen«, so genannte »Gemeinschaftsfremde«. Darunter zählten sie Bettler, Obdachlose, »Arbeitsscheue«, Prostituierte, unangepasste Jugendliche, aber auch »Zigeuner und nach Zigeunerart umherziehende Personen« sowie sexuell freizügig lebende Frauen. Mit »asozial« wurden als minderwertig eingeschätzte Menschen aus den sozialen Unterschichten bezeichnet, die nach der Einschätzung der Nationalsozialisten nicht oder ungenügend arbeiteten bzw. unangepasst lebten. Ihre Verfolgung in der NS-Zeit baute auf die bereits bestehende Diskriminierung auf. Daran beteiligt waren Justiz, Arbeitsverwaltung, kommunale Fürsorge, Parteiorganisation und Polizei. »Asoziale« konnten zur Arbeit gezwungen, in Anstalten eingewiesen und ins KZ verschleppt werden. Mehrfach wurden reichsweit groß angelegte Razzien durchgeführt, so die Bettlerrazzia vom September 1933 und die Aktion »Arbeitsscheu Reich« im Juni 1938, bei der über 9.000 Personen als so genannte »Asoziale« ins KZ verschleppt wurden. Als »asozial« Eingestufte wurden häufig auch zwangssterilisiert und zwar mit der Begründung, es liege »angeborener Schwachsinn« vor, da man ohnehin die Vererbung »asozialer« Charaktereigenschaften in

»Das furchtbare Erbe einer Trinkerin«. NS-Propagandaplakat, nach 1933

»asozialen Sippen« behauptete. Von der Kriminalpolizei erfasst und als »Asoziale« abgestempelt, konnten diese Menschen von der Polizei »planmäßig überwacht«, in polizeiliche »Vorbeugungshaft« genommen und ins Konzentrationslager eingewiesen werden. Im KZ befanden sich »Asoziale« in der untersten Häftlingskategorie und hatten eine sehr geringe Überlebenschance.

Verfolgung von Homosexuellen

Homosexuelle galten als »Gemeinschaftsfremde« und »Entartete«. Die NS-Rassenideologie stufte Homosexualität als eine »Seuche« ein, die zu einer »Schwächung der Volkskraft« führe, da Homosexuelle sich dem »natürlichen Fortpflanzungsprozeß« entzögen. Die lebendige homosexuelle Szene mit ihren Lokalen und Clubs, ihren Zeitschriften und Broschüren, die sich in Deutschland während der Weimarer Republik entwickelt hatte, wurde von den Nationalsozialisten unmittelbar nach der Machtübernahme zerschlagen. 1935 wurde der Paragraph 175 des Strafgesetzbuches, der

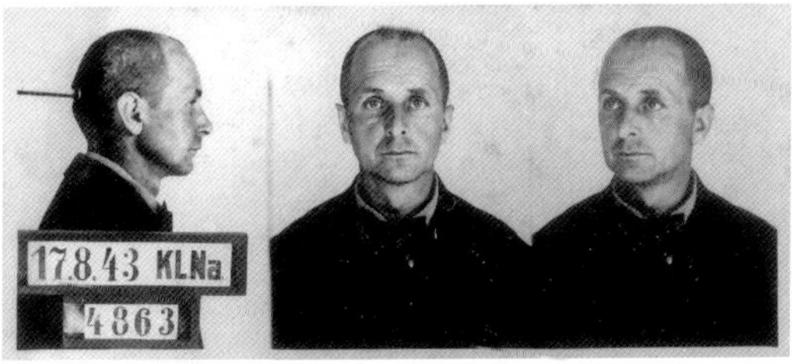

Erkennungsdienstliche Fotos von Karl G., Jahrgang 1896. Er wurde 1941 wegen »widernatürlicher Unzucht« zu einer Gefängnisstrafe von zweieinhalb Jahren verurteilt und anschließend als sogenannter »Gewohnheitsverbrecher« in das Konzentrationslager Natzweiler eingeliefert.

»widernatürliche Unzucht« mit Gefängnis bestrafte, erheblich verschärft. Vor Ort führte die Kriminalpolizei die Ermittlungen und ging im Rahmen der »polizeilichen planmäßigen Überwachung« und der »vorbeugenden Verbrechensbekämpfung« gegen Homosexuelle vor. Im Oktober 1936 wurde auf Betreiben Himmlers die »Reichszentrale zur Bekämpfung der Homosexualität und Abtreibung« eingerichtet, die eine zentrale Registrierung der Homosexuellen und der Frauen, die ihre Schwangerschaft abbrachen, vornahm.

Bei der Verfolgung der Homosexuellen können unterschiedliche Phasen unterschieden werden. Selbst von einer einheitlichen Verfolgungspraxis der Homosexuellen lässt sich angesichts der sehr unterschiedlichen Behandlung einzelner Gruppen nicht sprechen. Während der »gewöhnliche« Homosexuelle zumeist mit Haftstrafen davonkam, traf diejenigen, die nach der Konstruktion der Nationalsozialisten »Jugendverderber« und »Strichjungen« waren, die ganze Härte der Verfolgung und häufig die Einweisung ins Konzentrationslager. Dort waren Homosexuelle mit dem rosa Winkel gekennzeichnet und befanden sich im untersten Bereich der Häftlingshierarchie. Durch »Entmannung« konnten sich Homosexuelle vor der Einweisung ins KZ schützen oder ihre Freilassung daraus erreichen. Vor allem wurden Homosexuelle, die als »gefährliche Sittlichkeitsverbrecher« eingestuft wurden (z. B. Päderasten), auch zwangsweise kastriert. Der Paragraph 175 erfasste lesbische Frauen nicht, doch konnten sie als so genannte »Asoziale« verfolgt und in Konzentrationslager eingewiesen werden. Tausende Homosexuelle wurden zu Gefängnis- und Zuchthausstrafen verurteilt, 5.000 in Konzentrationslagern ermordet.

Verfolgung von Schwarzen

Eine kleine Gruppe wird selbst in renommierten Standardwerken zur Geschichte des Nationalsozialismus nicht erwähnt, und sie bleibt aus dem öffentlichen Gedenken an die Opfer des NS-Regimes in aller Regel ausgegrenzt: die Schwarzen in Deutschland. Auch wenn es sich dabei in der NS-Zeit nur um eine kleine Minderheit von 2.500 bis 3.000 Menschen handelte, entsprang ihre Verfolgung dem gleichen nationalsozialistischen Rassenwahn, dem auch die zahlenmäßig größeren Gruppen der Juden oder der Sinti und Roma zum Opfer fielen. Sie wurden als »negroide Untermenschen« gebrandmarkt. Als so genannte »Rheinlandbastarde« wurden die Kinder von französischen und amerikanischen Besatzungssoldaten und deutschen Frauen aus der Zeit der Rheinlandbesetzung in der NS-Zeit zwangssterilisiert. Die »Nürnberger Gesetze« galten auch für sie. Afrikanische Kunst wurde als »Negerkunst«, Jazz und Swing als »Negermusik« verunglimpft und zu Hassobjekten nationalsozialistischer Kulturpolitik. »Der Schwarze« konnte genauso wenig Teil der rassistisch definierten »Volksgemeinschaft« sein wie »der Jude«. Die in Deutschland lebenden Schwarzen wurden Opfer von Diskriminierung und Verfolgung, mehrere von ihnen starben in den Konzentrationslagern.

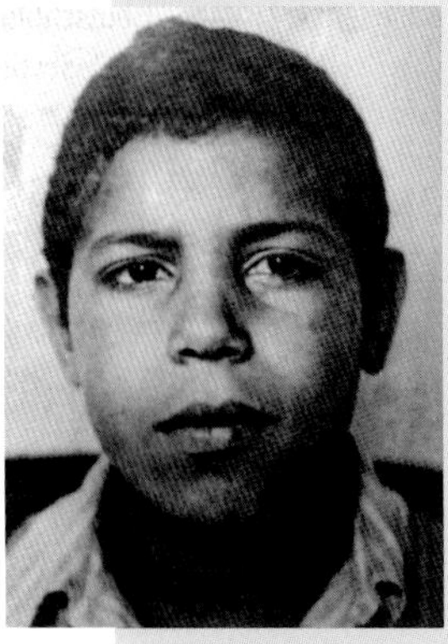

Ein als »Rheinlandbastard« verunglimpftes Kind, das wegen seiner Hautfarbe als erbkrank zwangssterilisiert wurde, um 1934

Im Krieg fand der Nationalsozialismus seine eigentliche Bestimmung

Der Zweite Weltkrieg war ein von Nazi-Deutschland angezettelter verbrecherischer Vernichtungs- und Rassenkrieg. Die Politik der Nationalsozialisten richtete sich von Anfang an darauf aus, diesen großen Eroberungskrieg zu führen. Ihre Ziele waren neuer »Lebensraum« und die deutsche Weltherrschaft. Dies schloss von vornherein die Versklavung und physische Auslöschung der Völker Osteuropas, insbesondere der Sowjetunion ein. Im Krieg fand der Nationalsozialismus seine eigentliche Bestimmung: Er entstand aus dem Krieg, nur im Krieg waren seine Ziele zu erreichen und nur durch den Krieg ging er zugrunde. Der Krieg füllte die Hälfte seiner Herrschaft aus. Doch zwischen einer friedlichen und einer kriegerischen Phase lässt sich beim NS-Regime nicht unterscheiden, sondern nur zwischen einer kriegvorbereitenden und kriegführenden Phase. Die Jahre vor dem Kriegsausbruch dienten dem zentralen politischen Ziel der Aufrüstung, um Deutschland in einem umfassenden Sinn kriegsfähig zu machen. Hitlers Friedensbeteuerungen in den Jahren zuvor entsprangen lediglich scheinheiliger Taktik. Er hatte es meisterhaft verstanden, seine wahren Ziele zu verschleiern und ausländische Staatsmänner – wie den britischen Premierminister Chamberlain – zu täuschen. Er vermochte es, sich das Bild eines Politikers zu geben, der lediglich besonders energisch die Revision des Versailler Vertrags und deutsche Großmachtpolitik betrieb. Nach jedem neuen Gebietsgewinn beteuerte er seine Friedensliebe. Auch in der Bevölkerung glaubte man gerne, dass die Machterweiterung und der nationale Wiederaufstieg nach der Schmach des Ersten Weltkrieges ohne Krieg möglich und angestrebt waren. Hitler erkannte darin ein Problem: Er fürchtete, die Geister nicht mehr loszuwerden. Die weit verbreitete Friedenssehnsucht irritierte ihn. Er sah das Volk nicht genügend auf Krieg eingestellt. »Irgendwie glaube ich, hat sich ... die pazifistische Platte bei uns abgespielt«, so sagte er in einer Geheimrede vor Pressevertretern am 10. November 1938. Zudem drängten die Finanzierungsprobleme, die durch die extreme Aufrüstung entstanden waren, mehr und mehr zum Losschlagen. Das System war auf ständige Ressourcenerweiterung durch einen Krieg angewiesen. Angesichts einer zunehmend schwierigen wirtschaftlichen und politischen Lage stellte der Krieg eine »Flucht nach vorne« dar.

Auf dem Weg zum Krieg

Daher war Hitler nach der Einverleibung Österreichs keineswegs saturiert. In den folgenden Monaten spielte er das, was ihm am meisten lag – ein riskantes Vabanquespiel, bei dem der Ausbruch eines Krieges bewusst eingeplant war. Zunächst ging es unter dem Deckmantel des Selbstbestimmungsrechts um einen Angriff auf die Tschechoslowakei. Bereits am 30. Mai 1938 wies Hitler die Militärführung an, sich auf einen Angriff vorzubereiten: »Es ist mein unabänderlicher Entschluß, die Tschechoslowakei in absehbarer Zeit durch eine militärische Aktion zu zerschlagen.« Doch zu seiner Überraschung lenkte Chamberlain abermals ein (»Appeasementpolitik«). Großbritannien und Frankreich zwangen die Tschechoslowakei auf der Münchner Konferenz am 29./30. September 1938, die durch die Vermittlung Mussolinis zustande kam, die sudentendeutschen Gebiete mit mehr als 50 Prozent deutscher Bevölkerung an das Deutsche Reich abzutreten. Die Eingliederung des Sudetengebietes führte der deutschen Wirtschaft wichtige Industriezweige und Lagerstätten für Erze, hochwertige Braunkohlevorkommen und Holzvorräte zu. Die Tschechoslowakei wurde zu einem kaum lebensfähigen Rumpfstaat.

Hitler pokerte weiter. Bereits drei Wochen nach München erfolgte der nächste Wortbruch. Die Militärs planten ab dem

Hitler unterzeichnet das Münchner Abkommen, Postkarte, 30. September 1938

Joachim von Ribbentrop unterzeichnet in Moskau den deutsch-sowjetischen Grenz- und Freundschaftsvertrag, 28. September 1939

21. Oktober 1938 die »Erledigung der Resttschechei« und die »Inbesitznahme des Memellandes«. Auch das wurde kampflos übergeben. Auf deutschen Druck hin erklärte die Slowakei am 14. März 1939 ihre Unabhängigkeit. Am nächsten Tag besetzten deutsche Truppen Prag. Auf der Prager Burg erklärte Hitler am 16. März 1939 anstelle der »Rest-Tschechei« die Gründung des »Protektorats Böhmen und Mähren«. Es erhielt zwar eine eigene tschechische Regierung, doch diese wurde von einem deutschen »Reichsprotektor« (vom ehemaligen Außenminister Konstantin von Neurath) kontrolliert. Durch einen am 23. März 1939 abgeschlossen »Schutzvertrag« wurde die Slowakei zu einem Satellitenstaat des deutschen Reiches. Konkrete Gegenmaßnahmen der Briten und Franzosen erfolgten nicht. Die Appeasement-Politik hatte einen schweren Rückschlag erlitten, war aber noch nicht beendet. Am 21. März 1939 verlangte Hitler von Polen die Rückgabe Danzigs und des Korridors, woraufhin Großbritannien und Frankreich eine Garantieerklärung für einen Überfall auf Polen abgaben und damit ihre bisherige Politik brachen. Es sollte ein deutlicher Schuss vor den Bug der Nationalsozialisten sein. Hitler antwortete mit der Aufkündigung des Nichtangriffspakts mit Polen und des Flottenabkommens mit England. Am 23. März 1939 marschierten deutsche Truppen in das litauische

Memelgebiet ein und annektierten es. Im Mai 1939 wurde das Militärbündnis Deutschland – Italien (»Stahlpakt«) geschlossen.

Zwischen Ende Oktober 1938 und Ende März 1939 bemühte sich die deutsche Führung intensiv, Polen zu einem Beitritt zum Antikominternpakt zu drängen, dem am 24. Februar 1939 bereits Ungarn beigetreten war. Doch Polen weigerte sich, zu einem deutschen Vasallenstaat zu werden. Hitler vollzog daraufhin eine radikale Wendung in seiner Polenpolitik und gab am 3. April 1939 den Befehl für die militärische Planung des Falls »Weiß«, des Angriffs auf Polen. Da Hitler davon ausgehen musste, dass die Westmächte diesmal nicht abseits stehen würden und damit ein Mehrfrontenkrieg drohte, schloss er ein Bündnis mit seinem Erzfeind, der UdSSR. Der am 23. August 1939 unterzeichnete deutsch-sowjetische Nichtangriffspakt, der »Hitler-Stalin-Pakt«, teilte in einem geheimen Zusatzprotokoll die Interessensphären in Osteuropa auf, und Polen wurde an einer Linie, die durch die Flüsse Narew, Weichsel und San bezeichnet ist, in eine westliche deutsche und eine östliche sowjetische Interessensphäre geteilt. Großbritannien schloss daraufhin am 25. August 1939 mit Polen einen Bündnisvertrag, war aber bis in die letzten Augusttage bereit, mit Hitler über den Erhalt des Friedens zu verhandeln. Doch Hitler wollte nun – endlich – den Krieg. Ihm reichten nicht Danzig und Oberschlesien, er wollte Polen liquidieren und danach seine Weltherrschaft aufbauen.

»Hitler-Stalin-Pakt« mit geheimem Zusatzprotokoll

Beginn des Zweiten Weltkrieges

Eine makabere Inszenierung diente zur Entfesselung des Krieges: SS-Männer täuschten am Morgen des 1. September 1939 einen polnischen Überfall auf den Sender Gleiwitz und Grenzverletzungen vor. Die ersten Opfer waren KZ-Häftlinge, die man in polnische Uniformen gesteckt hatte und auf deutschem Gebiet erschoss. Um 4.45 Uhr – nicht um 5.45 Uhr, wie Hitler am gleichen Tag im Reichstag verkündete – fiel die Wehrmacht in Polen ein, ohne dass – wie völkerrechtlich vorgeschrieben – der Krieg erklärt worden war. Daraufhin erklärten Großbritannien, Frankreich, Australien, Indien und Neuseeland am 3. September Deutschland den Krieg, drei Tage später folgte die Südafrikanische Union und am 10. September Kanada. Der Zweite Weltkrieg hatte begonnen.

Die Ausgangslage zu Beginn des Krieges hatte sich für Deutschland aufgrund der massiven Aufrüstung der vorangegangenen Jahre deutlich verbessert. Seine Kriegsproduktion war 1939 dreieinhalb Mal so groß wie die Großbritanniens. Auch wenn das Heer eine Stärke von 2,758 Millionen Mann erreicht hatte, wies es doch deutliche Lücken in der Ausrüstung auf. Die Luftwaffe zählte zum größten Erfolg des Aufrüstungsprogramms und war zahlenmäßig der britischen und französischen Luftflotte überlegen. Die Marine hingegen war der Royal Navy klar unterlegen. Die Wirtschaft hatte sich auf die Zeit als Kriegswirtschaft bereits weitgehend eingestellt. Doch knappe Ressourcen führten immer wieder zu Engpässen bei der Bevorratung und Ergänzung. Tatsächlich war militärisch und ökonomisch die Ausgangslage 1914 besser gewesen als 1939. Doch die Truppe verfügte über eine hohe Erstschlagkapazität.

Gedrückte Stimmung in der Bevölkerung bei Ausbruch des Krieges

Die Stimmung der deutschen Bevölkerung bei Ausbruch des Krieges war gedrückt und düster. Von einem Jubel wie bei Beginn des Ersten Weltkrieges 25 Jahre zuvor konnte keine Rede sein. Mit Kriegsbeginn erfolgte eine erhebliche Verschärfung der Strafverfolgung und der Bekämpfung von Gegnern. Schon am 1. September 1939 wurden zahlreiche politische Gegner verhaftet, deren Namen zuvor jahrelang in einer »A-Kartei« für den Tag des Kriegsausbruchs gesammelt worden waren. Die geltende Strafgesetzgebung wurde erheblich verschärft, indem man das Strafmaß erhöhte und neue Straftatbestände schuf. Das Hören von

Das von deutscher Artillerie und Luftwaffe zerstörte Warschau, Ende September 1939

»Feindsendern« wurde unter Strafe gestellt, sogar die Todesstrafe war möglich. Kritische Äußerungen zum Krieg wurden als »Wehrkraftzersetzung« hart geahndet.

Hitler hatte sich in eine militärische Lage gebracht, die es eigentlich zu verhindern galt. Der Krieg begann in einer verkehrten Frontstellung: Mit dem ideologischen Todfeind Sowjetunion verbündet, stand Deutschland mit Hitlers Wunschpartner Großbritannien und mit Frankreich im Krieg. Mit einem möglichen Mehrfrontenkrieg nach West und Ost zeichnete sich die Konstellation von 1914 ab, die Hitler immer hatte vermeiden wollen. Doch zunächst schien der Erfolg ihm recht zu geben: Binnen drei Wochen war die Kampfkraft der polnischen Armee gebrochen. Am 27. September kapitulierte Warschau nach heftigen deutschen Luftangriffen. Letzte Truppen ergaben sich am 6. Oktober. Den 1,5 Millionen deutschen Soldaten hatte Polen zwar 1,3 Millionen entgegenzusetzen, war aber waffentechnisch, materiell und operativ hoffnungslos unterlegen. Im Kampf gegen Deutschland starben 70.000 polnische Soldaten, 133.000 wurden verwundet und 700.000 gefangen genommen, und im Kampf gegen die Rote Armee, die erst am 17. September in den Krieg eingriff, starben 50.000 polnische Soldaten, 217.000 gerieten in Gefangenschaft. Über 4.400 gefangene polnische Offiziere wurden von den Sowjets durch Genickschuss exekutiert und in Massengräbern in Katyn, einem Dorf und Wald bei Smolensk, verscharrt. Dort fanden deutsche Truppen im Frühjahr 1943 die Leichen. Die »Verluste« der deutschen Wehrmacht waren vergleichsweise gering: 10.572 tote, 30.322 verwundete und 3.400 vermisste Soldaten.

Man hat den Krieg gegen Polen als »Hitlers ersten Blitzkrieg« bezeichnet, doch er war keineswegs als solcher geplant. Zu Hitlers raschem Erfolg hatte eine Reihe unvorhersehbarer Ereignisse beigetragen, nicht zuletzt, dass Frankreich und Großbritannien in der Defensive verharrten und Deutschland nicht angriffen. Polen wurde zerschlagen. Deutschland und die Sowjetunion teilten sich die Beute. Die Sowjetunion erhielt Ostpolen und (bis auf einen Zipfel) Litauen; Deutschland West- und Zentralpolen, Teile der Woiwodschaften Warschau und Lublin und verschob damit seinen Machtbereich um maximal 450 Kilometer. Westpolen wurde als Reichsgaue Danzig-Westpreußen und Posen (ab Januar 1940 Wartheland) annektiert, und die nicht eingegliederten zentral-polnischen Gebiete bildeten das »Generalgouvernement« unter Hans Frank als Generalgouverneur. Dorthin wurden vor allem Juden, aber auch andere Gruppen deportiert; es diente zudem der Rekrutierung von Arbeitssklaven.

Terror der deutschen Besatzer in Polen

Auch die deutsche Besatzung offenbarte sehr deutlich, dass von Anfang an ein Versklavungs- und Vernichtungskrieg geplant gewesen war. Hitler hatte am 22. August 1939 vor den Oberbefehlshabern auf dem Obersalzberg unmissverständlich erklärt: »Restlose Zertrümmerung Polens ist das militärische Ziel ... Verfolgung bis zur völligen Vernichtung.« Die deutschen Besatzer wüteten mit einem hemmungslosen Terror. Polen wurden als »Untermenschen« behandelt. Massenhaft wurden von sechs Einsatzgruppen der Sicherheitspolizei Menschen ermordet. Dies geschah nicht nur unter den Augen der Wehrmacht, sondern auch Wehrmachtangehörige töteten unschuldige Zivilisten, vergewaltigten Frauen, misshandelten Gefangene, brannten Synagogen, Bauernhöfe und ganze Ortschaften nieder. Himmler wurde am 7. Oktober 1939 zum »Reichskommissar für die Festigung des deutschen Volkstums« ernannt. Er setzte Massenvertreibungen durch: Innerhalb von gut zwei Wochen wurden rund 88.000 Polen, unter ihnen Sinti und Roma sowie Juden, ins Generalgouvernement zwangsumgesiedelt, um 40.000 Umsiedlern aus den baltischen Staaten, »Volksdeutschen«, Platz zu machen. Die polnische Oberschicht – Pfarrer, Lehrer, Ärzte, Rechtsanwälte, Adelige – und Juden wurden von SS-Einsatzgruppen mit äußerster Brutalität getötet – schätzungsweise 60.000 Menschen. Nachdem die jüdische Bevölkerung in großen Ghettos wie Warschau, Krakau, Lodz, Lublin und Radom zusammengepfercht worden war, meldeten die neuen Gaue zu Beginn des Jahres 1940, sie seien »judenfrei«. Diejenigen Polen, die nicht als »eindeutschungsfähig« galten, wurden zudem zur Zwangsarbeit nach Deutschland verschleppt. Einige Kommandeure protestierten gegen das brutale Vorgehen. Auch der Oberbefehlshaber Ost, Generaloberst Johannes von Blaskowitz, sprach sich dagegen aus, »einige 10.000 Juden und Polen, so wie es augenblicklich geschieht, abzuschlachten.« Auf diese Kritik antwortete Hitler mit der zynischen Bemerkung, mit »Heilsarmee-Methoden« könne er keinen Krieg führen; der General wurde im Februar 1940 an die Westfront abkommandiert.

Jugendliche auf der Straße im Warschauer Ghetto, Sommer 1941. Aufnahme einer Propagandakompanie der Wehrmacht

Der Westfeldzug

Hitler forderte die Westmächte auf, die Vernichtung Polens anzuerkennen, was diese verständlicherweise ablehnten. Damit standen die Zeichen auf Westkrieg. Zusammen mit dem Westfeldzug wurde die Invasion in Dänemark und Norwegen vorbereitet (»Fall Weser-

Blick auf die Sankt-Laurens-Kirche im zerstörten Rotterdam, 1940

übung«). Der NS-Führung ging es um die Sicherung der Erzzufuhr aus Schweden und die Hoheit über die Ostsee, um bessere Voraussetzungen für einen Krieg gegen Großbritannien zu erreichen. Am 9. April 1940 begann der Überfall auf Norwegen und Dänemark. Während Dänemark zügig besetzt werden konnte, dauerten die Kampfhandlungen in Norwegen zwei Monate. Der Krieg gestaltete sich für beide Seiten sehr verlustreich. Zudem blieb im Norden die hohe Zahl von 350.000 Besatzungssoldaten gebunden. Das Königreich Norwegen wurde einem »Reichskommissar« unterstellt (Josef Terboven), unterstützt von einer Marionettenregierung unter der Führung des norwegischen Nationalsozialisten Vidkun Quisling.

Am 10. Mai 1940 folgte der Einmarsch in die neutralen Staaten Niederlande, Luxemburg und Belgien, wobei schwere Luftangriffe die Zivilbevölkerung in Rotterdam trafen. In den Niederlanden wurde wie in Norwegen eine deutsche Zivilverwaltung eingesetzt; Reichskommissar Arthur Seyß-Inquart konnte sich auf rund 800.000 einheimische Nationalsozialisten stützen. Auf einen Massenstreik aus Solidarität mit den ersten Juden, die am 22./23. Januar 1941 nach Mauthausen deportiert wurden, reagierte die deutsche Besatzung äußerst brutal.

Von den Benelux-Ländern aus folgte der Einmarsch nach Frankreich, der auch wiederum in kürzester Zeit zum deutschen Sieg führte. Am 14. Juni 1940 wurde Paris besetzt. Der britischen und französischen Armee war es jedoch aufgrund einer zögerlichen Haltung Hitlers gelungen, ihre bei Dünkirchen eingeschlossenen Streitkräfte von fast 216.000 britischen und rund 123.000 französischen Soldaten über den Kanal in Sicherheit zu bringen. Am 22. Juni wurde im Beisein Hitlers von Marschall Pétain das Waffenstillstandsabkommen unterzeichnet – und zwar an einem symbolträchtigen Ort: im Wald von Compiègne im gleichen Eisenbahnwagen, den man eigens aus dem Museum geholt hatte, wo am 9. November 1918 die deutsche Delegation den Waffenstillstand zu unterschreiben hatte. Diesen Akt inszenierten die Nationalsozialisten als die Tilgung der Schmach von Versailles. Frankreich wurde geteilt. Der Norden und Westen wurde von Deutschen besetzt, und im Süden unter Marschall Pétain ein autoritäres, nur formal eigenständiges Regime eingesetzt, das von der Besatzungsmacht abhängig war und seinen Sitz in Vichy nahm (»Vichy-Regierung«). Deutschland annektierte im August 1940 de facto das Elsass, Lothringen und Luxemburg.

Mit dem raschen Sieg über Frankreich wandelte sich auch die skeptische Haltung der deutschen Öffentlichkeit zu Beginn des Krieges in begeisterte, fast grenzenlose Zustimmung. Hitler hatte den Höhepunkt seiner Popularität in Deutschland erreicht. Ein wahrer Triumphzug wurde ihm in Berlin bereitet. Der Chef des Oberkommandos der Wehrmacht, Wilhelm Keitel, huldigte ihm gar als dem »größten Feldherrn aller Zeiten« (im Volksmund: »Gröfaz«). Hitler hatte im Frankreichfeldzug erstmals unmittelbar in die militärischen Planungen eingegriffen und gegen das Oberkommando des Heeres einen höchst riskanten unkonventionellen Operationsplan (»Sichelschnitt«) General Mansteins durchgesetzt.

Siegesparade in Paris. Deutsche Truppenparade nach dem Einzug in Paris im Juni 1940. Vorbeimarsch der deutschen Einheiten vor General Briesen auf der Avenue Foch in Paris. Im Hintergrund der Arc de Triomphe

Für Hitler bestätigte sich damit zweierlei: seine Verachtung der Militärs und ihres Könnens sowie seine eigene Genialität in militärischen Fragen. Ein Glaube, den er bald ins Pathologische steigerte.

Schwachpunkte der deutschen Militärführung

Doch bei genauerem Hinsehen zeigten sich auch die Schwächen. Großbritannien war nicht bereit, Frieden zu schließen. Seit dem 10. Mai 1940 hatte das Land mit Winston Churchill einen Premier, der fest entschlossen war, gegen Hitler anzukämpfen, und der seine Bevölkerung auf harte Zeiten einstellte: »Ich habe nichts zu bieten als Blut, Mühsal, Tränen und Schweiß.« Mehr noch: Großbritannien war von den Deutschen nicht zu besiegen. Auf das intensive Bombardement britischer Städte – vor allem London und Coventry waren betroffen – und Rüstungsbetriebe im August und September 1940 war die deutsche Luftwaffe weder von der Anzahl noch von den Typen ihrer Flugzeuge eingestellt. Der Termin für eine Landung auf der Insel wurde mehrfach verschoben und das Ziel schließlich im September 1940 aufgegeben. Churchill gelang es, die Unterstützung der USA zu erreichen. Präsident Roosevelt war mit einer öffentlichen Meinung konfrontiert, die keinen Krieg wollte. Doch war es seit März 1941 Großbritannien und anderen Ländern möglich, von den USA Kriegsmaterial zu beziehen, ohne dafür unmittelbar (oder überhaupt) zu bezahlen. Bis 1945 erhielten 38 Regierungen Hilfeleistungen von – auf die Kaufkraft im Jahr 1995 bezogen – 42 bis 50 Billionen US-Dollar. Deutschland gelang es auch nicht, Francos Spanien und Pétains Vichy-Regierung dafür zu gewinnen, in den Krieg einzutreten. Das faschistische Italien unter Mussolini war eher eine Last. Beim Krieg gegen Polen hatte sich Italien noch für nicht kriegsbereit erklärt. Um eine italienische Niederlage zu verhindern, musste das NS-Regime in Nordafrika und auf dem Balkan zu Hilfe eilen. Anfang 1941 war das deutsche Afrikakorps unter General Erwin Rommel aufgestellt worden. Im April 1941 besetzten deutsche Truppen Griechenland und

Jugoslawien. Auf das nicht verteidigte Belgrad hatte die Luftwaffe verheerende Angriffe gegen die Zivilbevölkerung geflogen. Als ein deutscher Vasallenstaat gründete sich am 10. April 1941 der Unabhängige Staat Kroatien unter dem Faschistenführer Ante Pavelič.

Krieg gegen die Sowjetunion als »Vernichtungskampf«

In der Politik gegenüber Großbritannien war Hitler in eine Sackgasse geraten. Das hinderte ihn aber nicht daran – auch die Gefahr eines Zweifrontenkrieges in Kauf nehmend –, vor seinen Generälen am 31. Juli 1940 zu verkünden, die Sowjetunion im Frühjahr 1941 angreifen zu wollen. Der Schlag gegen den bolschewistischen Hauptgegner, um den es ihm eigentlich ging, sollte geführt werden. Am 18. Dezember 1940 erhielt die Wehrmacht die Weisung für den »Fall Barbarossa«, bis Mitte Mai 1941 vorbereitet zu sein, die UdSSR »in einem schnellen Feldzug niederzuwerfen«. Offen erklärte Hitler am 3. März 1941 vor hohen Offizieren, »dieser kommende Feldzug« sei »mehr als nur ein Kampf der Waffen; er führt auch zur Auseinandersetzung zweier Weltanschauungen«; ein »Vernichtungskampf«, »der mit barbarischer Härte – ohne Rücksicht auf die Zivilbevölkerung – zu führen sei«. Die UdSSR müsse in ihre Bestandteile zerlegt und die »jüdisch-bolschewistische Intelligenz« »beseitigt« werden.

»Fall Barbarossa«: Planung des Überfalls auf die Sowjetunion

Bereits am 13. Mai 1939 wurde für den Fall eines Krieges die weitgehende Einschränkung der Kriegsgerichtsbarkeit verfügt. Damit wurden schon im Voraus Mordaktionen legitimiert: »Straftaten feindlicher Zivilpersonen« wurden anstelle der deutschen Kriegsgerichte vom örtlichen Truppenführer geahndet; bei deutschen Soldaten war die Strafverfolgung aufgehoben, »wenn sie gemäß dieser Instruktion handelten«, auch in Fällen »kollektiver Gewaltmaßnahmen« wie etwa dem Niederbrennen eines Dorfes. Am 6. Juni 1941 erhielten die Heerführer den so genannten »Kommissarbefehl«, der eindeutig völkerrechtswidrig festlegte, dass gegen politische Kommissare – also kommunistische Funktionäre in der Armee – »mit aller Schärfe vorgegangen werden« solle, und sie »grundsätzlich sofort mit der Waffe zu erledigen« seien. »In diesem Kampf ist Schonung und völkerrechtliche Rücksichtnahme diesen Elementen gegenüber falsch.« Der »Kommissarbefehl« lieferte die Grundlage für die massenhaften Liquidierungen, die später Einsatzgruppen und Wehrmacht in der Sowjetunion vornahmen. Die Wehrmachtführung hatte dies akzeptiert, ebenso dass die Machtbefugnisse des Oberbefehlshabers des Heeres im Krieg gegen die Sowjetunion zugunsten der SS eingeschränkt wurden. Die SS erhielt bereits am 13. März 1941 im Operationsgebiet des Heeres »Sonderaufgaben«, die sich »aus dem endgültig auszutragenden Kampf zweier entgegengesetzter politischer Systeme« ergäben, und schuf vier »Einssatzgruppen«, die der Truppe folgen sollten und das »rückwärtige Heeresgebiet polizeilich zu »befrieden« hatten. Die Einsatzgruppen sollten die sowjetische Intelligenz ermorden und die Judenpogrome der einheimischen Bevölkerung unterstützen oder sogar organisieren. Auch das deckte der »Kommissarbefehl« ab: Wer Jude war, war im nationalsozialistischen Verständnis auch Bolschewist. Zudem nahm man in Kauf, dass durch die Plünderung von Nahrungsmitteln und Rohstoffen für Deutschland bis zu 30 Millionen Russen verhungern würden, weil vor allem das Ostheer und die gesamte Wehrmacht – im Mai 1941 über 7,2 Millionen Menschen – aus Russland ernährt werden sollten.

»Der Untermensch«. Antisemitisch-antisowjetische Hetzzeitschrift, herausgeben vom Reichsführer SS, Berlin 1942

Stalin, obwohl über die deutschen Angriffspläne gut unterrichtet, konnte oder wollte nicht den Wandel in Hitlers Politik gegenüber der Sowjetunion erkennen. Vertragstreu erfüllte er Bedingungen des Abkommens, während Hitler die Lieferungen an die Sowjetunion aufstockte, um seine wahren Absichten zu tarnen. Die deutsch-sowjetischen Wirtschaftsbeziehungen erlebten daher kurz vor dem Angriff ihren Höhepunkt.

Deutsche Panzer auf der Fahrt in Richtung Sowjetunion, 21. Juni 1941

Die letzten sowjetischen Getreidezüge überquerten in der Nacht vom 21. auf den 22. Juni 1941 die Grenze nach Westen, vorbei an deutschen Truppen, die auf die Grenze zumarschierten. Am 22. Juni 1941 fiel die Wehrmacht ohne Kriegserklärung in die Sowjetunion ein. Über 2.000 Maschinen der Luftwaffe zerstörten zwischen 1.200 und 2.000 sowjetische Flugzeuge. Ungeschützte Städte – wie Minsk – wurden zu Ruinen bombardiert. Das Ostheer bestand aus 3,05 Millionen Mann, die sich auf drei Heeresgruppen mit 145 Divisionen, unter ihnen zehn Armeeoberkommandos, vier Panzergruppen, 43 Generalkommandos, verteilten. Sie verfügten über 600.000 Kraftfahrzeuge, 625.000 Pferde, 3.350 Panzer und 7.150 Geschütze. Hinzu kamen rund 690.000 finnische, italienische, rumänische, ungarische und spanische Soldaten.

Zunächst schien es sich wieder um einen Blitzkrieg zu handeln. Das sowjetische Militär war vollkommen überrascht, entsprechend schnell kamen die deutschen Truppen voran. Innerhalb weniger Wochen gerieten drei Millionen sowjetische Soldaten in deutsche Gefangenschaft. Die Prognose Hitlers und des deutschen Militärs schien sich zu bestätigen. »Der Bolschewismus wird wie ein Kartenhaus zusammenbrechen«, hatte Hitler geglaubt, wie Goebbels in seinem Tagebuch notierte. Mit dieser Meinung stand er keineswegs allein. Generalstabschef Franz Halder nahm gar an, es könnte der Krieg gegen »Russland innerhalb von vierzehn Tagen gewonnen« werden. Hochmut kommt vor dem Fall. Die Wehrmacht hatte einen Blitzkrieg gegen die Sowjetunion vorbereitet. Doch nur ein Fünftel des deutschen Feldheeres war für raumgreifende Operationen eines Blitzkrieges geeignet, die Entfernungen in diesem Riesenland waren immens, Nachschubwege

Die Wehrmacht war nur auf einen Blitzkrieg vorbereitet

daher extrem lang, das Straßen- und Schienennetz mangelhaft. Halder musste bereits drei Wochen nach Kriegsbeginn eingestehen, man habe die Kampfkraft des Gegners unterschätzt und die operativen Risiken verkannt.

Stalin proklamierte am 29. Juni 1941 den »Großen Vaterländischen Krieg der Sowjetunion« und stimmte die Bevölkerung auf lange Entbehrungen ein. Die »Rote Armee« befand sich noch in einer Phase der Umorganisation, denn Stalin hatte in den Jahren 1936 bis 1938 fast die Hälfte des Offizierskorps umbringen oder in Lager einweisen lassen. Am 8. September wurde Leningrad eingeschlossen. Mitte Oktober standen die Deutschen kurz vor Moskau. Doch die »Rote Armee« blieb trotz großer Verluste zahlenmäßig stark und wehrte sich verbissen. Man hatte die fast unerschöpflich scheinenden sowjetischen Reserven an Menschen und Material leichtsinnig unterschätzt. Der Ostkrieg blieb vor Moskau stecken – und zwar im wahrsten Sinne: im herbstlichen Schlamm. Ein erneuter Angriff am 15. November brachte deutsche Spähtrupps bis auf 20 Kilometer vor Moskau heran. Doch die Einnahme gelang nicht. Auch Leningrad fiel nicht, selbst nicht nach 500 Tagen Belagerung, bei der über eine Million Menschen verhungerten. Der Kampfeswille der Bevölkerung war enorm. Die zentralen Ziele des Krieges gegen die Sowjetunion sollten vor Ausbruch des Winters erreicht werden. Hitler und die Militärführung hatten alles auf eine Karte gesetzt: Es war entscheidend, die »Rote Armee« in den ersten drei bis vier Monaten – jedenfalls vor Einbruch des Winters – vernichtend zu schlagen.

Deutscher Panzerspähwagen 100 Kilometer vor Moskau (an einem Wegekreuz), November 1941

Auf einen Winterkrieg, der nun folgte, war man fahrlässigerweise nicht vorbereitet. Die Ausrüstung des Ostheeres mit Waffen und Geräten war für eine Kampfdauer von drei Monaten ausgelegt, der Munitionsvorrat reichte nur für zwölf Monate und für die Soldaten fehlte sogar die Winterkleidung. Auf Temperaturen von bis zu minus 50 Grad Celsius war man nicht eingestellt. »Väterchen Frost« wurde zum besten Bündnispartner des sowjetischen Militärs. Mit der Niederlage vor Moskau war der Krieg im Grunde genommen schon entschieden, auch wenn das erst ein Jahr später nicht mehr zu leugnen war. Friedrich Fromm, Chef der Heeresrüstung und Befehlshaber des Ersatzheeres, und Fritz Todt, Minister für Bewaffnung und Munition, hielten die Lage bereits im November 1941 für aussichtslos und rieten zum Friedensschluss. Am 6. Dezember begann die sowjetische Gegenoffensive. Die deutschen Truppen wurden zum Teil erheblich zurückgedrängt. Die deutsche Bilanz des Ostkrieges war katastrophal. Bereits bis Ende August 1941 betrugen die »Verluste« des Ostheers insgesamt 409.998 Verwundete, Gefallene und Vermisste, deutlich mehr als ersetzt werden konnten, im Dezember 1941 831.000 und bis zum Frühjahr 1942 weitere 900.000 Mann.

Deutschlands Kriegserklärung an die USA

Am 11. Dezember 1941 erklärte Hitler den USA den Krieg, nachdem diese nach dem Überfall auf Pearl Harbor, bei dem der größte Teil der US-amerikanischen Pazifikflotte zerstört wurde, dem deutschen Bündnispartner Japan den Krieg erklärt hatten. Aus dem europäisch-afrikanischen Konflikt war jetzt der Zweite Weltkrieg entstanden. Ende 1941 herrschte zwischen 38 Staaten, zum Teil durch Exilregierungen vertreten, Kriegszustand. Den Achsenmächten Deutschland, Italien und Japan standen nun Großbritannien, die Sowjetunion und die USA als die Alliierten der Anti-Hitler-Koalition gegenüber. Die drei Mächte verfügten zusammen über ein riesiges Wirtschaftspotential und über drei Viertel der personellen sowie materiellen Reserven der Erde. London und Moskau hatten bereits am 12. Juli 1941 ein Abkommen über gegenseitige Unterstützung abgeschlossen. Amerikaner, Briten

Größte Ausdehnung des deutschen Machtbereichs, 1941/42. Karte mit den Grenzen von 1937

und Sowjets vereinbarten Lieferungen von Kriegsmaterial.

Seit dem 19. Dezember 1941 führte Hitler den Oberbefehl selbst, nachdem er den Oberbefehlshaber des Heeres, Walther von Brauchitsch, entlassen hatte. Den Winter überstand das deutsche Heer trotz erheblicher Verluste vergleichsweise gut. Aber von den 162 Divisionen galten Ende März 1942 nur acht als vollkommen geeignet, weshalb nicht an der gesamten Ostfront angegriffen wurde, sondern man sich auf zwei Angriffsschwerpunkte im Norden und im Süden beschränkte. Im Norden sollte endlich Leningrad eingenommen werden, was jedoch nicht gelang. Im Süden wollte man die restliche Ukraine, die Kaukasusregion und das südliche Dongebiet unter Kontrolle bringen, wo Erz, Kohle und Öl reichlich vorhanden waren. Anfang Juli befand sich die gesamte Krim in deutscher Hand. Rostov am Don fiel schon am 23. Juli. Doch die »Rote Armee« zog sich wiederholt rechtzeitig zurück und entkam so der Vernichtung. Mitte 1942 erreichte das deutsche Reich seine größte Ausdehnung während des Krieges. Deutsche Truppen hatten ganz Europa bis an die Grenzen Asiens unterworfen: vom Nordkap entlang einer Linie an der Atlantikküste bis hin zur spanischen Grenze, ganz Mittel- und Osteuropa sowie den Balkan, von Leningrad bis in den Kaukasus in der Sowjetunion, und in Nordafrika kämpften Soldaten unter Rommel gegen Großbritannien. Doch Hitler wäre nicht Hitler gewesen, wenn er nicht weitergehende, utopische Vorstellungen entwickelt hätte. Die Wehrmacht sollte bis zur türkischen und iranischen Grenze vorstoßen, und von dort aus wollte er nach einem Sieg über die Sowjetunion die britischen und französischen Truppen im Vorderen Orient attackieren. Die Katastrophe von Stalingrad machte dies unmöglich.

Stalingrad als Zäsur im Kriegsverlauf

Hitler hatte in seiner Weisung Nr. 45 vom 23. Juli 1942 anstelle des bisherigen Nacheinanders der Operationen eine zeitgleiche doppelte Offensive am Schwarzen Meer und am Don mit der Einnahme Stalingrads befohlen. Doch durch das Aufsplittern der Kräfte scheiterte die Operation. Dies galt auch für den Angriff auf Stalingrad, den der kommandierende General der 6. Armee, Friedrich Paulus, am 19. August 1942 befahl. Bis Ende Oktober waren etwa 90 Prozent der Stadt genommen. Doch bei einer Gegenoffensive am 19. November gelang es der Roten Armee, innerhalb von vier Tagen etwa 250.000 Mann der 6. Armee einzukesseln. Der von General Paulus erbetene Ausbruchsversuch der Armee wurde von Hitler abgelehnt, der durchzuhalten befahl, koste es, was es wolle. »Sieg oder Tod« hieß die Alternative. Damit wurde der erbärmliche Tod der deutschen Soldaten in Kauf genommen. Am 2. Februar 1943 kapitulierten die letzten Einheiten. Von etwa 195.000 Angehörigen der Wehrmacht hatte die Luftwaffe bis dahin 25.000 ausgeflogen, 60.000 waren gestorben und 91.000 wurden gefangen genommen, von denen anscheinend nur 6.000 überlebten. Auf sowjetischer Seite starben ca. eine Million Soldaten und Zivilisten. Die Stadt lag in Trümmern. Die Nieder-

»Krieg oder Tod«: Hitler befahl durchzuhalten

Stalingrad – deutsche und rumänische Soldaten ziehen nach der Kapitulation am 31. Januar 1943 in die sowjetische Gefangenschaft

lage von Stalingrad bedeutete eine Zäsur im Krieg und in der deutschen öffentlichen Meinung. Die ganze Donfront brach zusammen und die im Kaukasus stehende Heeresgruppe musste weit zurückgenommen werden. Ende Januar 1943 waren bereits fast eine Million deutsche Soldaten an der Ostfront umgekommen. Der Mythos vom genialen Führer und Feldherrn bröckelte, ohne dass dies jedoch die nationalsozialistische Herrschaft bis zum Ende gefährdet hätte.

Nach Stalingrad ging es nur noch bergab, bedeutete der Krieg von deutscher Seite aus gesehen nur noch ein militärisches Zurückweichen. Eine letzte Offensive der Wehrmacht im Juli 1943 bei Kursk an der mittleren Front scheiterte. Doch Hitler weigerte sich, die militärische Niederlage anzuerkennen, was weiteren Millionen Menschen das Leben kosten sollte. Auch in Afrika verschoben sich die Gewichte. Rommel hatte Ende August 1942 vergeblich versucht, die britische Verteidigung bei El Alamein zu durchbrechen. Am 23. Oktober 1942 startete die erfolgreiche britische Offensive. Rommel ordnete den Rückzug an, obwohl Hitler befohlen hatte, die Stellung zu halten. Der Rückzug kam erst in Südtunesien und nach dem für Italien bitteren Verlust von Tripolis (23. Januar 1943) zum Stillstand. Amerikaner und Briten waren übereingekommen, den Angriff auf die Achsenmächte an ihrem schwächsten Punkt, in Italien, zu beginnen. Dies konnte nur von Nordafrika aus geschehen, weswegen amerikanische und britische Streitkräfte unter dem Kommando von General Eisenhower am 7. und 8. November 1942 in Marokko und Algerien landeten. Deutschland und Italien antworteten am 11. November mit dem Einmarsch ins unbesetzte Frankreich und mit der Okkupation Korsikas. Die USA hatten mittlerweile die allgemeine Wehrpflicht eingeführt und in einem gigantischen Maße aufgerüstet, so dass sie 1943 zur stärksten Militärmacht der Welt wurden. Auf einer Konferenz mit Churchill in Casablanca im Januar 1943 erklärte

US-Präsident Roosevelt die bedingungslose Kapitulation Deutschlands, Italiens und Japans zum Kriegsziel. Stalin zeigte sich enttäuscht, dass kein Eingreifen im Hauptkrieg erfolgte. Am 13. Mai 1943 kapitulierten die letzten deutsch-italienischen Verbände in Nordafrika.

Massenmord während des Krieges

Die Wehrmachtführung hatte von Anfang an die rassenideologische Motivierung des Krieges gegen die Sowjetunion mitgetragen und sich tief in diesen Rassen- und Vernichtungskrieg verstrickt. Der Oberkommandierende des Heeres, Feldmarschall Walther von Brauchitsch, ließ zu Beginn des Krieges verkünden: »Die Truppe muss sich darüber klar sein, dass der Kampf von Rasse zu Rasse geführt wird, und mit nötiger Schärfe vorgehen.« Die Zusammenarbeit zwischen den Einsatzgruppen und der Wehrmacht funktionierte in der Regel gut. Nur so war die Ermordung von mehr als einer halben Million Menschen durch Massenliquidierungen möglich. Mindestens neun Zehntel der Opfer waren Juden, sodann »Zigeuner«, Kommunisten, Partisanen, Kriegsgefangene. Die Wehrmacht half den Einsatzgruppen nicht nur organisatorisch in vielerlei Hinsicht bei der Durchführung der Morde, sondern Wehrmachtseinheiten beteiligten sich auch an den Massenerschießungen. Dabei kamen nur Freiwillige zum Einsatz. Wer sich weigerte, hatte keinen Schaden zu fürchten. Die Armeeführungen vor Ort legitimierten nachdrücklich den Kampf gegen den »jüdischen Bolschewismus«. Der Oberbefehlshaber der 6. Armee, Walter von Reichenau, erklärte am 10. Oktober 1941 in einem Armeebefehl, der deutsche Soldat sei »im Ostraum nicht nur ein Kämpfer nach

Wehrmachtsangehörige erschossen und erhängten insgesamt 36 wahllos zusammengetriebene Menschen als »Sühnemaßnahme« für die Ermordung von zwei SS-Männern an der Friedhofsmauer der serbischen Stadt Pančevo, 22. April 1941

Massenmord in Kowno (Litauen): Juden wurden von Litauern erschlagen und deutsche Soldaten schauten zu und fotografierten, Juni 1941. Insgesamt wurden über 3.800 Menschen in Kowno ermordet, auch unmittelbar von SS-Einheiten.

den Regeln der Kriegskunst, sondern auch Träger einer unerbittlichen völkischen Idee« und deshalb müsse er »volles Verständnis« für die »Notwendigkeiten der harten, aber gerechten Sühne am jüdischen Untermenschentum« haben, und dabei sollte er nicht nur unterstützend wirken, sondern selbst als »Rächer« auftreten und zur »erbarmungslose(n) Ausrottung artfremder Heimtücke und Grausamkeit« beitragen. An der gesamten Ostfront wurde dieser Befehl bekannt gemacht, ein Muster für zahlreiche andere Befehle, die, am Völkerrecht gemessen, verbrecherisch waren.

Die einheimische Bevölkerung beteiligte sich an Massakern

An den Massakern beteiligte sich wiederholt auch die einheimische Bevölkerung. Den Einsatzgruppen war befohlen worden, Pogrome gegen Juden zu organisieren und zu unterstützen. Die Einsatzgruppen wie auch die Wehrmacht stellten die Infrastruktur für die Mordaktionen der einheimischen Kommandos bereit. Mancherorts ließen sich Einheimische nicht lange bitten und agierten initiativ. Eine erhebliche Beteiligung (bzw. Durchführung vor den Augen des deutschen Militärs) von Einheimischen an den Massakern scheint es vor allem in den Gebieten der drei ehemaligen baltischen Staaten gegeben zu haben. Aber auch der Fall des ostpolnischen Städtchens Jedwabne ist bekannt, wo am 10. Juli 1941 die 1.600 Juden des Ortes von ihren polnischen Nachbarn in eine Scheune getrieben und dort verbrannt wurden.

In den besetzten Gebieten betrieb Himmler als »Reichskommissar für die Festigung deutschen Volkstums« eine brutale Germanisierungspolitik, deren Konzeption im »Generalplan Ost« zusammengeführt wurde. Ein erster Plan war im Juli 1941 erstellt und eine überarbeitete Fassung im Juni 1942 als Denkschrift über die »rechtlichen, wirtschaftlichen und räumlichen Grundlagen des Ostaufbaus« veröffentlicht worden. Der Plan, der in fünf Fünfjahresabschnitten realisiert werden sollte, sah die Vertreibung (u. a. Deportation nach Sibirien) oder die Ermordung von 31 Millionen Bewohnern Polens und der sowjetischen Westgebiete vor. Bei den Besprechungen zur Erstellung des Plans sprach man davon, wie die »rassisch unerwünschten Teile der Bevölkerung verschrottet werden könnten«. Der Plan sah zunächst auch die Umsiedlung von fünf bis sechs Millionen Juden vor; doch seit April 1942 ging man davon aus, dass diese »Ostjuden« »schon vor der Evakuierung beseitigt sind«. 14 Millionen vorwiegend »eindeutschungsunfähige« Balten und Ukrainer sollten als Arbeitssklaven vier Millionen Germanen dienen. Durch »Umvolkung« hoffte man einen großen Teil der Letten, Esten und Litauer, der Tschechen, Polen und Westukrainer zu germanisieren. Werbekampagnen bei den Niederländern und Südtirolern liefen bereits an. Dem »Volk ohne Raum« fehlte das Volk für den eroberten Raum. Die »deutsche Volkstumsgrenze« sollte 1.000 Kilometer nach Osten verschoben werden. Der Fortgang des Krieges verhinderte diese radikale Germanisierungspolitik.

Brutale Germanisierungspolitik mit dem »Generalplan Ost«

Die deutsche Besatzungsherrschaft zeigte ihre ganze Brutalität in Polen und in den besetzten Teilen der Sowjetunion. »Bandenbekämpfung« gegen die wachsende Zahl von Partisanen wurde zum Freibrief für jegliche Gräueltat. Da man das riesige Besatzungsgebiet nicht gleichmäßig sichern konnte, ging man in die Gegenden, wo man Partisanen vermutete und verfuhr zumeist folgendermaßen: Die Männer wurden zumeist erschossen, Frauen und Kinder in Scheunen oder Kirchen getrieben, diese dann angezündet, die Über-

Terroraktionen unter dem Vorwand der »Bandenbekämpfung«

Als Partisanen erhängte Zivilisten in Charkow (Ukraine), November 1941

lebenden in die Zwangsarbeit verschleppt und die Dörfer niedergebrannt. So verwüstete man ganze Landstriche. In den baltischen Staaten wurden rund 220.000 Juden und in der Sowjetunion (in den Grenzen vor dem deutschen Überfall) insgesamt über eine Million Menschen von den mobilen Mordkommandos getötet. In Babi-Yar, einer Schlucht in der Nähe von Kiew, wohin sich Juden zwecks »Umsiedlung« einzufinden hatten, wurden am 29. und 30. September 1941 33.771 Juden exekutiert – und zwar von dem Sonderkommando 41 der Einsatzgruppe C unter Mithilfe des Polizeiregiments Russland-Süd, logistisch unterstützt von der Wehrmacht. Babi-Yar ist nur ein Beispiel von vielen. Für zahlreiche Massaker sind Einheiten der Wehrmacht verantwortlich.

Neben Wehrmacht und Einsatztruppen der SS beteiligten sich auch Polizeibataillone am Massenmord. Nach offiziellem Sprachgebrauch wurden sie zur »Befriedung und Sicherung des rückwärtigen Frontgebietes« eingesetzt, doch tatsächlich überwachten sie KZs und Ghettos und verübten Massenexekutionen an Zivilisten in Polen, Jugoslawien und der Sowjetunion, vor allem an der jüdischen und slawischen Bevölkerung. Nur eines von vielen Beispielen stellt der grausame Mord des Polizeibataillons 309 dar, das aus Kölner Polizeibeamten bestand und am 27. Juni 1941 in Białystok in Nordostpolen über 2.000 Menschen ermordete, 800 von ihnen wurden bei lebendigem Leib in der Synagoge verbrannt. Auf über eine Million Menschen muss die Zahl der Opfer geschätzt werden, die die Angehörigen von Polizeibataillonen zu verantworten haben. Doch es waren »Ganz normale Männer« (Christopher Browning), zuvor – und vielleicht auch nach 1945 – der freundliche Schupo an der Ecke.

Mordaktionen auch in Serbien und westlichen Ländern

Was in der Sowjetunion flächendeckend Praxis war, zeigte sich vereinzelt auch auf dem Balkan und in westlichen Ländern, wo das Besatzungsregime als Reaktion auf Aktionen der Résistance und der Partisanen zunehmend brutaler wurde. Barbarisches Vorgehen gegen die Bevölkerung sollte hier der Abschreckung dienen. So beispielsweise im griechischen Dorf Kalavryta und weiteren Ortschaften der Umgebung, wo im Dezember 1943 alle 674 Männer sowie 22 Frauen und Kinder erschossen wurden. In Serbien wurden von der gleichen Wehrmachtsdivision im Ort Kraljevo im Oktober 1941 als Antwort gegen Partisanen 4.000 bis 5.000 Zivilisten getötet und in der benachbarten Stadt Kragujevač ein Massenmord an 2.300 Zivilisten, darunter Schulkinder mit ihren Lehren, verübt. Im September 1944 wurde das Städtchen Marzabotto in der Nähe von Bologna zerstört, wobei 1.830 Zivilisten getötet wurden, weil Partisanen von den Bergen der Umgebung aus die Deutschen angegriffen hatten. Die französische Ortschaft Oradour-sur-Glane wurde am 10. Juni 1944 von einer Kompanie der SS-Panzer-Division »Das Reich« niedergebrannt, weil man dort ein Waffenlager der Résistance vermutete. Insgesamt wurden 642 Menschen umgebracht, nur 36 konnten entkommen. Die Männer wurden in Scheunen gebracht und dort erschossen, Frauen und Kinder in der Kirche zusammengetrieben und diese angezündet. Wer fliehen wollte, wurde erschossen. Berühmt-berüchtigt wurde

»Liquidierung« des Ghettos Misotsch (Westukraine) durch eine Einheit der Sicherheitspolizei Rowno unter Mithilfe der Gendarmerie von Misotsch und Sdolbunaow, die an einem Tag mindestens 700 Juden töteten; hier: »Gnadenschuss« für nicht tödlich getroffene Opfer, 14.10.1942

der Fall Lidice, ein westböhmisches Dorf, das auf einen vagen Verdacht hin, die Attentäter des stellvertretenden Reichsprotektors in Prag und Chef des Reichssicherheitshauptamts (RSHA) stammten dorther, auf Befehl Hitlers dem Erdboden gleich gemacht wurde. Alle 199 Männer wurden erschossen, 184 Frauen ins KZ Ravensbrück eingewiesen, wo 52 starben, und 80 Kinder, die als nicht »eindeutschungsfähig« galten, wurden im Vernichtungslager Chelmno (Kulmhof) in den Gaskammern ermordet.

Behandlung der sowjetischen Kriegsgefangenen und Zwangsarbeit

Eines der größten Verbrechen während des gesamten Zweiten Weltkrieges

Eines der größten Verbrechen während des gesamten Zweiten Weltkrieges stellt die Behandlung der sowjetischen Kriegsgefangenen dar. Entgegen allen Konventionen des Völkerrechts, die beim Westfeldzug von der Wehrmacht noch eingehalten worden waren, kalkulierte man das massenhafte Sterben der sowjetischen Kriegsgefangenen bewusst ein. Zu essen bekamen nur arbeitsfähige Kriegsgefangene, die Verwundeten blieben medizinisch unversorgt, lediglich durch Stacheldrahtzäune, bestenfalls durch primitivste Unterkünfte gebildete Lager boten keinen Schutz vor der extremen Kälte, Seuchen brachen angesichts der unglaublichen hygienischen Zustände aus. Von den 3,35 Millionen Gefangenen, die die deutschen Armeen 1941 in der Sowjetunion machten, waren bereits am 1. Februar 1942 zwei Millionen nicht mehr am Leben. Mindestens 200.000 von ihnen wurden der Gestapo auf der Grundlage des »Kommissarbefehls« zur Erschießung ausgeliefert oder in Konzentrationslagern umgebracht. Auch Einheiten der Wehrmacht waren an der Ermordung sowjetischer Kriegsgefangener beteiligt. Versprengte oder entflohene Soldaten wurden als »Freischärler« erschossen. In den Lagern starben täglich 3.000 bis 4.000 Gefangene, insgesamt während des Krieges ca. 3,3 Millionen. Das heißt, von insgesamt rund

5,7 Millionen sowjetischen Kriegsgefangenen starben über 57 Prozent in deutscher Gefangenschaft. Angesichts dieser Erfahrung eines offenkundigen Verbrechens an den sowjetischen Kriegsgefangenen ist es umso beachtlicher, dass die Sowjetunion ihrerseits gegenüber deutschen Kriegsgefangenen »keine Vernichtungs- oder Racheziele verfolgte« (Andreas Hilger). Deutsche Kriegsgefangene wurden nicht anders behandelt als Gefangene anderer Länder. Die sowjetischen Grundsätze gegenüber deutschen Kriegsgefangenen, wie Umerziehung und Arbeitseinsatz, wurden von den Westalliierten geteilt. Auch wenn die Zahlenangaben erheblich schwanken, lässt sich am ehesten folgende Relation annehmen: Von den rund 3,2 Millionen deutscher Soldaten in sowjetischer Kriegsgefangenschaft starben etwa 800.000, was rund einem Viertel aller deutschen Gefangenen entspricht. Das bedeutet, dass erheblich weniger deutsche Kriegsgefangene in sowjetischer Gefangenschaft als sowjetische Kriegsgefangene in deutscher Gefangenschaft starben; jedoch starben in sowjetischer Gefangenschaft wiederum deutlich mehr als in Kriegsgefangenschaft der westlichen Länder.

Russische Kriegsgefangene nach der Schlacht um Kiew, 27. September 1941

Am 17. März 1940 hatte Hitler Fritz Todt zum Reichsminister für Bewaffnung und Munition ernannt; nach dessen Unfalltod Anfang Februar 1942 folgte ihm Albert Speer in allen Ämtern. Trotz Bombenkrieg und der schlechter werdenden Versorgungslage gelang es, Mitte 1944 die höchsten Ausstoßzahlen bei der Fertigung von Panzern, Kraftfahrzeugen, Flugzeugen, Schiffen und Munition zu erreichen. Doch damit wurde nicht einmal genug produziert, um die Verluste zu ersetzen und deutlich weniger als die USA und Großbritannien herstellten. Trotz dieser großen Anstrengungen hatte das NS-Regime wirtschaftlich keine Chance, den Krieg zu gewinnen.

Massiver Einsatz von Zwangsarbeiterinnen und Zwangsarbeitern

Die Steigerung der Rüstungsproduktion war in erster Linie eine Folge des massiven Einsatzes von Zwangsarbeiterinnen und Zwangsarbeitern. Schon die ersten polnischen Kriegsgefangenen wurden im Oktober 1939 nach Deutschland verbracht und mussten anschließend vor allem in der Landwirtschaft arbeiten, vielen bei Razzien aufgegriffenen Zivilpersonen erging es nicht anders. Im Generalgouvernement wurde am 26. Oktober 1939 Zwangsarbeit für die Juden verhängt. Der enorme Rüstungsbedarf und der Arbeitskräftemangel erforderten Arbeitskräfte aus den besetzten Gebieten. Im Mai 1940 arbeiteten etwa eine Million Polen in Deutschland, im Lauf des Krieges wurden es 2,826 Millionen. Erst als sich die militärische Lage zur Jahreswende 1941/42 deutlich verschlechtert hatte, wurden grundlegende Veränderungen beim Arbeitseinsatz vollzogen. Am 21. März 1942 wurde der Gauleiter von Thüringen, Fritz Sauckel, zum Generalbevollmächtigten für den Arbeitseinsatz (GBA) ernannt. Er erhielt weit reichende Vollmachten, um Arbeitskräfte vor allem für die Rüstungsbetriebe zu mobilisieren. Nach seinen eigenen Angaben waren es bis Kriegsende fünf Millionen, unter ihnen nur noch 200.000 Freiwillige. Aus ideologischen Rücksichten hatten die Nationalsozialisten darauf verzichtet, das Reservoir der nicht berufstätigen Frauen besser auszuschöpfen. Umso mehr benötigten sie jetzt Arbeitssklaven aus den besetzten Gebieten.

1942 entschied Hitler, was ursprünglich nicht vorgesehen war, weil man an den raschen Sieg glaubte: die große Zahl der sowjetischen Kriegsgefangenen als billige Arbeitssklaven nach Deutschland zu bringen. Zugleich begann die Zwangsrekrutierung von zivilen Arbeitskräften auf dem Gebiet der Sowjetunion. Es wurde eine regelrechte Menschenjagd betrieben. In den Dörfern wurden zumeist junge Menschen, manchmal auch ganze Familien, zusammengetrieben, gefangen genommen und in Eisenwaggons gesteckt, um nach

Deutschland verschleppt zu werden. Auf belebten Straßen nahm man wahllos Menschen fest und brachte sie auf einem LKW in ein Lager, andere wurden nach einem Kinobesuch verhaftet und deportiert. Der massenhafte Einsatz von Zwangsarbeitern und Kriegsgefangenen entwickelte sich zum prägenden Kennzeichen der NS-Kriegswirtschaft. Im Herbst 1944 wies die Statistik 7,9 Millionen Menschen aus 26 Ländern als Zwangsarbeiter und Kriegsgefangene im Arbeitseinsatz innerhalb des Großdeutschen Reiches aus; bis Kriegsende dürften es zehn bis zwölf Millionen gewesen sein. Auf dem Höhepunkt des Zwangsarbeitseinsatzes im Herbst 1944 war jeder vierte Arbeitsplatz mit Ausländerinnen bzw. Ausländern besetzt. Aus der Sowjetunion kamen (im Herbst 1944) 2,8 Millionen, aus Polen 1,7, aus Frankreich 1,25 und aus Italien 0,72 Millionen. Im Sommer 1944 verrichteten ca. 400.000 KZ-Häftlinge Zwangsarbeit, was etwa einem Prozent der zu diesem Zeitpunkt im Reich beschäftigten zivilen Arbeitskräfte, Zwangsarbeiter und Kriegsgefangenen entsprach.

Annähernd zehn bis zwölf Millionen Zwangsarbeiter und Kriegsgefangene im Arbeitseinsatz bis Kriegsende

Die Arbeitsbedingungen der Zwangsarbeiter unterschieden sich stark, abhängig davon, in welchem Wirtschaftssektor sie arbeiteten. Sie konnten aber nicht nur in Industrie- und Gewerbebetrieben beschäftigt sein, bei Erdarbeiten der Organisation Todt und im Straßenbau, sondern auch in der Landwirtschaft und in Privathaushalten. Immer bestand jedoch eine direkte Abhängigkeit vom jeweiligen Arbeitgeber. Zwangsarbeiter erhielten nur eine minimale Grundversorgung, kaum medizinische Betreuung und lebten unter schlechten hygienischen Bedingungen. Häufig waren sie in Barackenlagern in der Nähe von Fabriken untergebracht; in größeren Städten gab es mehrere Hundert davon, im gesamten Reichsgebiet rund 30.000. Zwangsarbeiter konnten sich nicht frei bewegen und hatten strikte Kontaktverbote zur deutschen Bevölkerung einzuhalten; auf sexuelle Beziehungen zu deutschen Frauen stand die Todesstrafe.

»Ostarbeiter« in Wernigerode, 1943
Um deutlich erkannt zu werden, hatten Zwangsarbeiter, die aus dem Gebiet der Sowjetunion kamen, als »Ostarbeiter«, wie sie bezeichnet wurden, ein auf ihre Kleidung genähtes Abzeichen »OST« zu tragen und Polen ein »P«.

»Rassenkrieg«: der Massenmord an Juden und anderen Gruppen

»Rassenkrieg« im umfassenden Sinn als Ziel

Deutschland führte seit September 1939 einen »Rassenkrieg« gegen den äußeren Feind und den »inneren Feind«. Der Krieg war als ein Vernichtungs- und Weltanschauungskrieg gedacht. Die rassistisch begründete Weltherrschaft, die durch den Krieg erreicht werden sollte, gründete sich auf den im Schatten des Krieges vollzogenen Massenmord an den Juden und anderen als »rassisch minderwertig« eingestuften Menschen. Der Massenmord war Teil eines umfassenderen Krieges. »Dieser Krieg ist nicht der zweite Weltkrieg«, verkündete Hermann Göring 1942 unter stürmischem Beifall eines ausgewählten Publikums im Berliner Sportpalast. »Dieser Krieg ist der große Rassenkrieg. Ob hier der Germane und Arier steht oder ob der Jude die Welt beherrscht, darum geht es letzten Endes und darum kämpfen wir draußen.« Es ging nie allein um den militärischen Sieg, sondern um einen »Rassenkrieg« im umfassenden Sinne, um den Kampf gegen einen universalen Feind und um das Ziel der rassistischen Verfolgung und Vernichtung. Die Eroberung fremder Länder ermöglichte es, dorthin den Rassenkrieg gegen den inneren Feind auszudehnen. Die Eroberung von weiten Teilen der Sowjetunion bot eine Alternative zum Madagaskar-Projekt, das durch den Krieg undurchführbar geworden war. Auf die Insel als einem Großkonzentrationslager oder besser: Riesenghetto sollten rund vier Millionen Juden deportiert werden.

»Euthanasie« als »Vernichtung lebensunwerten Lebens«

Die beiden zentralen politischen Ziele Hitlers – der Völkermord an den europäischen Juden und die Eroberung von »Lebensraum« im Osten als Voraussetzung für die Weltherrschaft – waren auf das Engste miteinander verbunden. Dies drückt sich augenfällig auch darin aus, dass Hitler den Befehl zur »Euthanasie« im Oktober 1939 unterschrieb, aber auf den 1. September 1939, den Tag des Kriegsbeginns, zurückdatierte.

Zudem behauptete er wiederholt, seine »Prophezeiung«, ein neuer Weltkrieg, den das »Finanzjudentum« entfache, würde nicht die »Bolschewisierung der Erde und damit den Sieg des Judentums« bedeuten, sondern »die Vernichtung der jüdischen Rasse in Europa«, habe er am 1. September 1939 geäußert, doch tatsächlich fielen diese Worte schon in seiner Reichstagsrede vom 30. Januar 1939.

»Vernichtung lebensunwerten Lebens«

»Euthanasie« war die verschleiernde Bezeichnung der Nationalsozialisten für die Ermordung von Menschen, die sie als »lebensunwert« einstuften, vor allem geistig und körperlich Behinderte. Hier griffen die Nationalsozialisten Jahrzehnte alte Forderungen nach der Sterbehilfe für unheilbar Kranke auf. Hitler persönlich hatte die Anweisung in Form eines Briefes an den Chef der »Kanzlei des Führers«, Reichsleiter Philipp Bouhler, und seinen Leibarzt, Karl Brandt, zum Mord an den nach NS-Maßstäben kranken Menschen unterzeichnet. Die Tötungsaktionen, in ihrem Jargon »die Vernichtung lebensunwerten Lebens«, sollten streng geheim gehalten werden. Deswegen bezeichnete man sie inoffiziell als »Aktion T4«, nach dem Sitz der von der Führer-Kanzlei geführten Tarnorganisation in der Berliner Tiergartenstraße 4. Die Mordaktionen begannen im Oktober 1939 mit der so genannten »Kinder-Euthanasie«: Mindestens 5.200 Kinder wurden in verschiedenen Pflegeheimen durch Giftinjektionen, Medikamente oder Nahrungsentzug getötet. In den Heil- und Pflegeanstalten wurden die zu tötenden Kranken in Listen erfasst, kamen heimlich zunächst in Zwischenanstalten und von da aus in die Tötungsanstalten Bernburg, Brandenburg, Grafeneck, Hadamar, Hartheim und Sonnenstein. Dort wurden sie als erste Opfergruppe in Gaskammern ermordet und ihre Leichen verbrannt.

Propaganda für Eugenik und »Euthanasie«. Werbung für das Monatsheft »Neues Volk« des Rassenpolitischen Amtes der NSDAP, um 1938

Dabei stiegen schwarze Qualmwolken auf und bestialischer Gestank verbreitete sich in der ganzen Umgebung. Den Angehörigen sandte man gefälschte Totenscheine zu. Es wurden nicht nur Geisteskranke getötet, sondern auch Patienten mit chronischen Krankheiten, vor allem Tuberkulose, Arteriosklerose und Krebs, aber ebenso »Asoziale« und »unerwünschte« Insassen von Anstalten.

Protest von katholischen und protestantischen Geistlichen führte zur offiziellen Einstellung der »Euthanasie«

Trotz der Geheimhaltung kam es zu Protesten vor allem von katholischen und evangelischen Geistlichen. Insbesondere der Bischof von Münster, Clemens August von Galen, aber auch der seit 1942 amtierende Kölner Erzbischof Josef Frings wandten sich in Predigten mit eindeutigen Worten gegen die »Euthanasie«. Hitler ließ aufgrund der Proteste im August 1941 die Ermordungen einstellen, doch gingen sie in verringertem Umfang durch Giftinjektionen und Verhungernlassen weiter. Kranke oder auch nur »lästige« Häftlinge in den Konzentrationslagern wurden nun mit Giftgas getötet, diese Maßnahme trug nach ihrem Aktenzeichen die Tarnbezeichnung »Aktion 14 f 13«. Den Morden fielen reichsweit über 100.000 Erwachsene und 20.000 Kinder zum Opfer.

Der Bau der ersten Vernichtungslager und Ghettos

Die »Euthanasie«-Morde trugen in mancherlei Hinsicht den Charakter von Übungen für den folgenden großen Massenmord an den Juden. So begannen Mitarbeiter der »Aktion T 4«-Zentrale im Herbst 1941, ihre Erfahrungen beim Bau von Vernichtungslagern in Belzec, Sobibor und Treblinka im östlichen Generalgouvernement einzubringen. Dorthin wurden die Bewohner der Ghettos transportiert und unmittelbar nach der Ankunft in Gaskammern ermordet. In die als Duschen getarnten Gaskammern wurden Abgase aus dem Auspuff von Dieselmotoren geleitet, die von ukrainischen und baltischen Hilfskräften bedient wurden. In den drei Lagern starben von März 1942 bis Oktober 1943 rund

Eine Gruppe von Frauen, zum Teil mit ihren Kindern, auf dem Weg in die Gaskammern des Todeslagers Treblinka, 1942

1,8 Millionen Juden, zuerst aus Polen, dann auch aus anderen Ländern. Diese Mordfabriken liefen unter dem Tarnnamen »Aktion Reinhardt«. Sie waren reine Tötungsanstalten, eine Ausnutzung zur Zwangsarbeit und die »Vernichtung durch Arbeit« fand hier nicht statt. Als materielle Beute wurden von den Opfern mindestens 180 Millionen Reichsmark geraubt. 1943 wurden die Lager aufgelöst und die Spuren dieser Mordstätten beseitigt.

Ghettoisierung als Vorstufe zum Massenmord in den Vernichtungslagern

Den Übergang zur Vernichtungspolitik bildeten die Ghettos, die im Generalgouvernement und den besetzten Teilen der Sowjetunion eingerichtet wurden. In diesen Zwangsquartieren für Juden waren zum Teil Hunderttausende Menschen eingeschlossen. Bereits im September 1939 erhielten die Einsatzgruppen der Sicherheitspolizei von der Berliner Gestapo-Zentrale Anweisungen, die polnischen Juden in Ghettos zusammenzutreiben. Hermetisch abgeriegelt und streng bewacht, unter miserablen hygienischen Verhältnissen und unzureichender Versorgung mussten die Ghettobewohner Zwangsarbeit in Fabriken und Werkstätten leisten, die für das Deutsche Reich Rüstungsgüter produzierten. In den Ghettos wurde eine jüdische Selbstverwaltung eingeführt, die von »Judenräten«, an deren Spitze der »Judenälteste« stand, geleitet wurde und den Anschein erwecken sollte, es sei eine jüdische Autonomie angestrebt. In Wirklichkeit stellte das Ghetto nur eine Vorstufe zum Massenmord in den Vernichtungslagern dar. Im Ghetto in Warschau lebten

Ghetto Litzmannstadt – eine Holzbrücke verbindet Teile des Ghettos, 1940–1943

zeitweilig bis zu 500.000, in Lodz (ab April 1940 »Litzmannstadt«) etwa 160.000 Juden auf engstem Raum. Auch in vielen anderen polnischen Städten wurden Ghettos eingerichtet, u.a. in Białystok, Kielce, Kowno (Kauen/Kaunas), Krakau, Radom, Riga und Tschstochau. Am 19. April 1943 kam es zum Aufstand im Warschauer Ghetto. Es waren schon 300.000 in das Vernichtungslager Treblinka transportiert worden, als sich die 58.000 im Ghetto verbliebenen Juden zu einem vier Wochen dauernden Kampf erhoben, der von Einheiten der SS und der Wehrmacht schließlich niedergeschlagen wurde.

Verschärfung der Lebensbedingungen für Juden in Deutschland

Schon in Polen, aber vor allem in den besetzten Gebieten der Sowjetunion zählten die Massenmorde an Juden sowie an »Zigeunern« und anderen Bevölkerungsgruppen von Anfang zum Kriegsalltag [s. S. 157 ff.]. Mit den Einsatzgruppen der Sicherheitspolizei und des SD, der Beteiligung von Wehrmacht und Polizeibataillonen begann die systematische Ermordung der Juden. Auch in Deutschland verschärften sich die Lebensbedingungen für die jüdische Bevölkerung nochmals.

Schikanöse Eingriffe in das alltägliche Leben

Ab Kriegsbeginn galt für Juden eine Ausgangsbeschränkung; sie durften im Sommer nach 21 Uhr und im Winter nach 20 Uhr nicht mehr außer Haus sein, Rundfunkgeräte, Telefone, Schreibmaschinen, Fahrräder, Pelze und optische Geräte nicht mehr besitzen, keine Haustiere mehr halten und Leihbüchereien nicht mehr benutzen, Lebensmittel nur noch zu bestimmten Zeiten in bestimmten Geschäften kaufen – um nur einige der böswilligen Schikanen zu nennen. Vom 15. September 1941 an musste jeder Jude ab dem sechsten Lebensjahr einen gelben Stern auf der Kleidung aufgenäht tragen. Nachdem man im Mai 1939 jüdischen Mietern den Kündigungsschutz entzogen hatte und sie danach aus ihren Wohnungen ausziehen mussten, wurden sie in »Judenhäusern« zusammengepfercht, was die späteren Deportationen sehr erleichterte. Im Herbst 1941 begannen die bis ins Detail bürokratisch geregelten Deportationen der Juden aus Deutschland in die Konzentrationslager und Ghettos im Osten. Am 23. Oktober 1941 war die Auswanderung verboten worden. Zu diesem Zeitpunkt lebten in Deutschland noch 164.000 Juden.

»Judenstern«

Der Weg zur »Endlösung« und eine neue Form von Konzentrationslager

Am Anfang der Judenverfolgung stand noch nicht fest, dass Juden systematisch durch Gas in KZs ermordet werden sollten. Zeitweilig wurden andere Möglichkeiten favorisiert wie die Auswanderung und das Madagaskarprojekt. Doch zunehmend radikalisierten sich mit einer mörderischen Eigendynamik die Pläne, wie man die Juden aus Europa beseitigen sollte. Hitler, sicherlich einer der extremsten Antisemiten in der NSDAP, vermied es, in die Planung zur »Endlösung« konkret einzugreifen. Einen ausdrücklichen »Führerbefehl« zur Judenfrage scheint es – anders als bei der »Euthanasie« – nicht gegeben zu haben. Seine Gehilfen und Getreuen wetteiferten umso mehr mit eigenen Vorschlägen, wobei die radikalsten immer als die besseren erschienen, weil man darin den »Führerwillen« zu erkennen glaubte. Undenkbar jedoch erscheint es, dass die Entscheidung zur »Endlösung« ohne Kenntnis oder ohne Zustimmung Hitlers getroffen worden ist. Göring hatte am 31. Juli 1941 im Auftrag Hitlers Heydrich angewiesen, eine Gesamtplanung für die »Endlösung der Judenfrage« zu erstellen. Auf der Wannseekonferenz am 20. Januar 1942 brachte dieser die Vertreter derjenigen Reichsministerien und obersten Parteidienststellen zusammen, die damit befasst

Wannseekonferenz am 20. Januar 1942

»Ich meine jetzt die Judenevakuierung, die Ausrottung des jüdischen Volkes. Es gehört zu den Dingen, die man leicht ausspricht. ... Von euch werden die meisten wissen, was es heißt, wenn 100 Leichen beisammenliegen, wenn 500 daliegen oder wenn 1000 daliegen. Dies durchgehalten zu haben und dabei – abgesehen von Ausnahmen menschlicher Schwächen – anständig geblieben zu sein, das hat uns hart gemacht. Dies ist ein niemals geschriebenes und niemals zu schreibendes Ruhmesblatt unserer Geschichte.«

(Aus einer Rede Himmlers vor SS-Führern am 4. Oktober 1943)

waren. Die Konferenz traf nicht die Entscheidung für die »Endlösung«; sie regelte ebenso wenig die bürokratisch-technische Umsetzung, womit Adolf Eichmann beauftragt wurde, der auch das Protokoll erstellte. Ziel der Konferenz war es, sich der loyalen Mitarbeit der verschiedenen Behörden und Parteistellen zu versichern und ein reibungsloses Zusammenspiel der zuständigen Stellen zu gewährleisten. Bis zum Zeitpunkt der Konferenz waren bereits mindestens eine halbe Million Juden ermordet worden. Doch das Erschießen und die Massaker sollten durch ein »effizienteres«, systematisches und industriell perfektioniertes Verfahren zum Massenmord abgelöst werden. Deutschland und die besetzten Länder sollten von Juden systematisch »gesäubert« werden. Ohne einen reibungslos funktionierenden bürokratischen Apparat wären die Deportationen nicht möglich gewesen. Dazu gehörten das Erstellen der Namenlisten, die Koordination von Fahrplänen, die Bewachung beim Transport und die Verwertung des Besitzes der Opfer. Ein gut funktionierendes Netzwerk verschiedener Behörden war dazu erforderlich: kommunale Behörden wie insbesondere die Meldeämter, die örtliche Schutzpolizei und Gestapo, die Reichsbahn und andere.

Auschwitz – das größte Todeslager der Weltgeschichte

Für das neue Verfahren zum Massenmord bedurfte es einer neuen Form von Konzentrationslager: Es wurden nun Vernichtungslager errichtet. Mit Beginn des Zweiten Weltkrieges stieg die Zahl der KZ-Häftlinge gewaltig; die Gestapo verhaftete Tausende politische Gegner und in den eroberten Gebieten wurden viele Menschen in die Konzentrationslager verschleppt. Das KZ-System wurde daher erheblich ausgebaut; zahlreiche neue Lager entstanden in den eroberten polnischen Gebieten. Die Zahl der KZs wuchs während des Krieges auf 22 an mit 165 Außenlagern. Das im Juni 1940 eingerichtete KZ Auschwitz war in seiner räumlichen Ausdehnung wie in seiner Vernichtungskapazität das größte Todeslager der Weltgeschichte. Auschwitz wurde im Frühjahr 1940 als Konzentrationslager in der Nähe der Stadt Oswiecim im besetzten Polen errichtet. 1941 kamen zum Stammlager (Auschwitz I) zwei weitere Bereiche hinzu, das Vernichtungslager Birkenau (Auschwitz II) und Monowitz (Auschwitz III). Monowitz wurde für die I.G. Farben errichtet, die dort eine große Produktionsstätte für synthetischen Kautschuk (Buna-Werk) betrieb, in dem Tausende Häftlinge Zwangsarbeit leisten mussten. Dort befand sich auch die Zentrale für 40 Außenlager in Oberschlesien. Kommandant des KZ Auschwitz war lange Zeit Rudolf Höß, der seit Sommer 1941 zusammen mit Eichmann die »Massenvernichtung« im Lager vorbereitete. Der Massenmord wurde durch Giftgas verübt. Erste Erfahrungen damit hatte man bei der Ermordung der »Euthanasie«-Opfer gesammelt. Zudem waren »Gaswagen« im Einsatz, in denen die Menschen im Laderaum durch das dort hineingeleitete Kohlenmonoxyd der Auspuffgase starben. 30 »Gaswagen« wurden mobil im Bereich der Einsatzgruppen in der besetzten Sowjetunion eingesetzt. Doch sie kamen auch stationär zum Einsatz wie in Treblinka und in Chelmno (Kulmhof) im »Warthegau«, wo 152.000 Menschen ermordet wurden, und bildeten somit einen Übergang zum Vernichtungslager.

Im September 1941 wurde in Auschwitz die Tötung durch Giftgas erprobt und seit der Jahreswende 1941/42

Eine Gruppe jüdischer Frauen und Kinder nach der »Selektion« an der Rampe von Auschwitz-Birkenau auf dem Weg in die Gaskammer waren die Gaskammern betriebsbereit. Noch an der Rampe wurden die aus den Waggons herausgetriebenen Menschen von der SS selektiert nach Arbeitsfähigen, die durch Zwangsarbeit vernichtet werden sollten, und Nicht-Arbeitsfähigen – insbesondere Kinder, Alte und Schwache –, die sofort nach der Ankunft in Gaskammern ermordet wurden. KZ-Arzt Mengele suchte für seine brutalen medizinischen Experimente Opfer aus, insbesondere eineiige Zwillinge. Nicht allein in Auschwitz, auch in anderen Konzentrationslagern wurden Tausende von Häftlingen Opfer von Menschenversuchen mit Unterdruck, Unterkühlungen, Gelb- und Fleckfieberimpfungen, chemischen Kampfstoffen usw. In Auschwitz fand das Schädlingsbekämpfungsmittel Zyklon B Verwendung, das in die als Duschen getarnten Räume eingelassen wurde und nach einigen Minuten zum qualvollen Tod führte. KZ-Häftlinge verbrannten dann die Leichen in nahe gelegenen Verbrennungsöfen. Durch die Vergasung wurde der Massenmord anonymisiert, was die Hemmschwelle noch weiter absinken ließ. Tötung und Verbrennung wurden wie in einem Industriebetrieb vollzogen. Auf diese Weise konnten an einem Tag zwischen 2.500 und 10.000 Menschen getötet werden. In Auschwitz wurden eine Million Menschen ermordet. Ende 1944 zerstörte die SS angesichts der vorrückenden Roten Armee die Einrichtungen des KZ und verschleppte die Häftlinge auf Todesmärsche ins Reichsinnere.

In Auschwitz wurden eine Million Menschen ermordet

Ab Anfang 1942 veränderte sich die Struktur der Konzentrationslager. Sie wurden zu Orten der wirtschaftlichen Ausbeutung. Etwa ein Drittel der Häftlinge mussten in Werkstätten, Ziegeleien oder Steinbrüchen, die den KZs angeschlossen waren, Zwangsarbeit leisten. Die Anzahl der Häftlinge, die aufgrund der extrem harten Arbeit, der schlechten Haftbedingungen oder Seuchen starben, stieg stark an. Die Chancen, die Lagerzeit zu überleben, hingen wesentlich davon, zu welcher Häftlingsgruppe jemand gehörte. Slawen,

Juden, Homosexuelle und »Asoziale« hatten die geringsten Überlebenschancen. KZ-Häftlinge wurden jetzt als Arbeitskräfte gegen Entgelt (für drei bis vier Reichsmark pro Häftling), das an die SS zu entrichten war, an die private Industrie vermietet. Bis zum Winter 1943/44 war ein flächendeckendes Netz aus über 1.200 Außen- und Nebenlagern in der Nähe von privaten und staatlichen Betrieben entstanden. KZ-Häftlinge wurden seit Herbst 1942 auch in Außenkommandos zum Trümmerräumen, Leichenbergen nach Angriffen oder auch zum Bombenentschärfen in deutschen Städten eingesetzt. In ihrer gestreiften Häftlingskleidung zählten sie bald zum Kriegsalltag und fielen der Bevölkerung sehr auf.

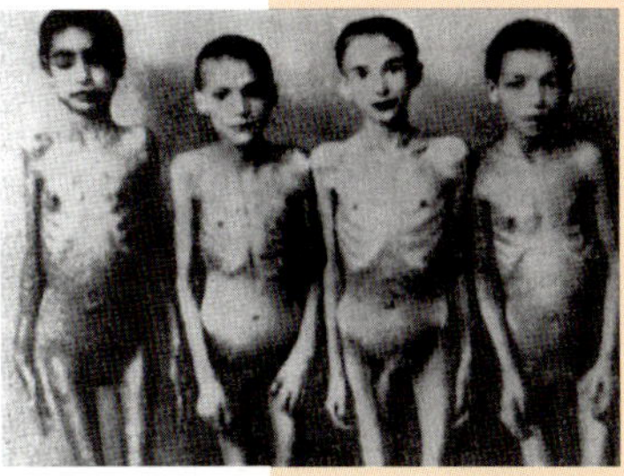

Zwillingspaare von Zigeunerkindern, an denen Josef Mengele medizinische Experimente durchführte, 1943/44

Was wusste die Bevölkerung?

Was hat die deutsche Bevölkerung von dem Massenmord an Millionen unschuldiger Menschen gewusst? Offenkundig war der Kreis der Wissenden bzw. jener, die etwas ahnten und es genauer hätten wissen können, viel größer, als die meisten nach 1945 wahrhaben wollten. Von den Soldaten an der Front oder von Urlaubern aus den besetzten Gebieten drangen Informationen und Gerüchte in die Heimat. Die BBC sendete Berichte. Die Zwangsräumungen der Wohnungen, die späteren Deportationen, das Abbrechen von Kontakten und die vielen Todesnachrichten ließen auch für den »normalen« Bürger nur den Schluss zu, dass die Deportationen Fahrten in den massenhaften Tod waren – was die vielen unmittelbar an der Durchführung der Deportationen Beteiligten ohnehin sich denken mussten. Die meisten Menschen schauten weg und wollten nichts Genaues wissen, wenn ihre jüdischen Nachbarn abgeholt wurden. Die grausamen Einzelheiten des Holocausts dürften einige gekannt und verdrängt, die meisten erst nach Kriegsende erfahren haben.

»Sieg oder Bolschewismus«. Plakat für den Aufruf zum »Totalen Krieg«, Februar 1943

»Wollt Ihr den totalen Krieg? Wollt ihr ihn, wenn nötig, totaler und radikaler, als wir ihn uns heute überhaupt vorstellen können?« So fragte Goebbels in seiner berühmten Sportpalastrede am 18. Februar 1943. Mit einem ohrenbetäubenden »Ja«, antwortete die auserlesene Versammlung. Und dann brüllte sie: »Führer befiehl, wir folgen dir.« Der »totale Krieg« hatte Deutschland eingeholt. Er bedeutete zumindest den Versuch der totalen Mobilisierung aller menschlichen und materiellen Reserven in Deutschland und in den besetzten Gebieten. Der »totale Krieg« war auch verbunden mit einer weiteren sittlichen Verrohung und Abstumpfung als Voraussetzung für den Massenmord.

»Heimatfront«: die deutsche Bevölkerung im Krieg

Und wie sah es an der »Heimatfront« aus? Die Nationalsozialisten waren tunlichst darum bemüht, die Bevölkerung bei Laune und die Eingriffe und Verschlechterungen, die der Krieg mit sich brachte, so gering wie möglich zu halten. Die Lehren aus dem Ersten Weltkrieg hatte man verinnerlicht. Am 3. September 1939 ordnete Hitler die allgemeine wirtschaftliche Mobilmachung an. Für die deutsche Bevölkerung wurde der Krieg zunächst durch die Rationierung von wichtigen Nahrungsmitteln und Konsumgütern des täglichen Bedarfs und bei den Steuern und Abgaben spürbar. Mängel im Rationierungssystem wurden rasch beseitigt und auf diesbezügliche Beschwerden aus der Bevölkerung eingegangen. Die Stimmung im Lande wurde auf das Sorgfältigste beobachtet. Die Kriegswirtschaftsverordnung vom 4. September 1939 verhängte einen Lohnstopp. Die vorgesehene Streichung aller Zuschläge für Überstunden, Sonntags-, Feiertags- und Nachtarbeit wurde nach Protesten bereits im November 1939 wieder zurückgenommen. Die reguläre Arbeitszeit erhöhte sich von acht auf zehn Stunden vom 1. Januar 1940 an. Für Arbeit, die darüber hinausging, wurden wieder Überstunden-Zuschläge bezahlt. Am 15. Januar 1940 traten schließlich die Urlaubsregelungen wieder in Kraft. Nach dem Sieg über Frankreich wurden auch die Zuschläge für die 9. und 10. Arbeitsstunde wieder ausbezahlt – erstaunliche soziale Leistungen während eines Krieges. Die Soldaten und alle Angehörigen der Wehrmacht waren bei weitem am besten bezahlt von allen kriegführenden Armeen. Auch hier wirkten die schlechten Erfahrungen des Ersten Weltkrieges nach, wo ein reiner Sold gezahlt wurde, der die Familien der Einberufenen in materielle Not brachte. Im Zweiten Weltkrieg wurde daher außer dem Wehrsold, der sich nach dem Dienstgrad richtete, ein Familienunterhalt gezahlt, der sich an den »bisherigen Lebensverhältnissen« orientierte.

Allerhöchste Priorität räumte das Regime der Versorgung der Bevölkerung ein, weil sie es war, die wesentlich deren Stimmung beeinflusste. Während des gesamten Krieges funktionierte die Versorgung in Deutschland insgesamt recht gut – ganz anderes als im Ersten Weltkrieg mit seinem Steckrübenwinter 1917/18. Hunger lernten die Deutschen allgemein erst wieder nach dem Krieg in den Jahren 1946–48 kennen, als es sogar zu Hungerrevolten kam. Die insgesamt hervorragende Versorgung der deutschen Bevölkerung war vor allem auf die Ausbeutung und Ausplünderung der besetzten Gebiete zurückzuführen. Getreide, Fleisch und Fett wurden zu einem erheblichen Teil aus den besetzten Ländern herangeschafft. Die Beutepolitik führte dort wiederum zu Hungersnöten und zum Hungertod von Millionen Menschen.

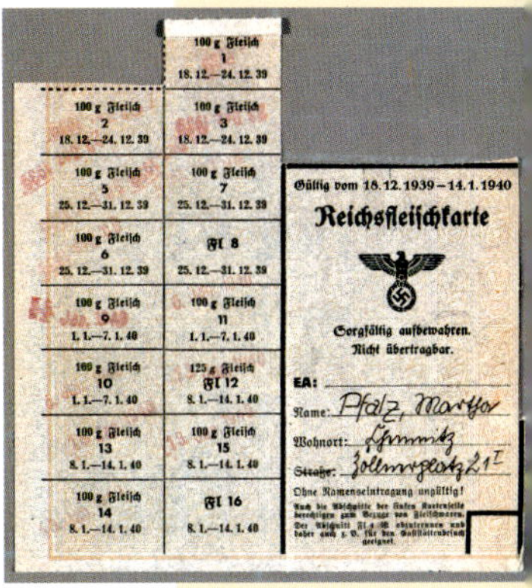

»Reichsfleischkarte«. Lebensmittelkarte, gültig vom 18.12.1939 bis 14.1.1940, Chemnitz 1939

Andererseits war der Schrecken der deutschen Bevölkerung groß, als es im Mai 1940 zu ersten britischen Luftangriffen kam, auch wenn sie noch ohne große Wirkungen blieben. Ab Mitte 1942 begannen die schweren Verwüstungen durch den alliierten Bombenkrieg auf Deutschland und damit für Millionen Deutsche die schrecklichste Phase des Weltkrieges. Göring hatte zwar getönt, er wolle »Meier« heißen, wenn je ein feindliches Flugzeug Deutschland erreichen sollte – nun war er bloßgestellt. Seit 1942/43 hatten die Alliierten das Übergewicht in der Luft und spätestens seit Anfang 1944 konnte die deutsche Luftabwehr den Angriffen kaum mehr etwas entgegensetzen.

Luftangriffsstrategie der Briten und US-Amerikaner
Die Luftangriffsstrategie der Briten und US-Amerikaner ist häufig kritisiert worden. Bei den Luftangriffen kamen über 600.000 Menschen ums Leben. Der Terror aus der Luft war zunächst von den Deutschen angewandt worden, die in den Jahren zuvor wiederholt brutale Angriffe auf Städte geflogen hatten: im September 1939 gegen Warschau, im Mai 1940 gegen Rotterdam, im März 1941 gegen Belgrad, 1940/41 monatelang gegen London, Coventry, Southampton, Birmingham und Sheffield. Wer wollte es den Alliierten verdenken, dass sie mit gleicher Münze heimzahlten? Ihr erklärtes Kriegsziel bestand ohnehin in der bedingungslosen Kapitulation Deutschlands. Durch die massiven Luftangriffe sollte auch die Rote Armee entlastet werden. Diese Taktik besaß zumindest so lange eine militärische Logik, wie die Invasion auf dem Festland noch nicht begonnen hatte.

»Moral bombing« – die Strategie des Luftmarschalls Arthur Harris

Um die Moral der Bevölkerung zu brechen, wurden zivile Kriegsziele ins Visier genommen. Verantwortlich für diese grausame Kriegsführung zeichnete vor allem Luftmarschall Arthur Harris (»Bomber-Harris«), der im Februar 1942 Chef des Bomber Command wurde. Er propagierte das »moral bombing«: durch gewaltige

Flächenbombardements (»Target Area Bombing«) auf Großstädte sollte Schrecken erzeugt und die Moral der Bevölkerung gebrochen werden. Zur Strategie gehörte es, zuerst Brandbomben ins Stadtzentrum abzuwerfen, damit die nachfolgenden Flugzeuge ihr Ziel leichter finden konnten. Danach warf man Sprengbomben, die die Wasserversorgung lahmlegen und die Löscharbeiten unmöglich machen sollten. Dahinter stand die Absicht, in der angegriffenen Stadt einen Feuersturm zu entfachen. Das zentrale Element der britischen Strategie des Bombenkrieges war der Nachtangriff. Es wurde nachts geflogen, weil die Verluste geringer waren. Da man aufgrund der damaligen Technik keine Präzisionsabwürfe vornehmen konnte, führte der Nachtflug unweigerlich dazu, dass die Zivilbevölkerung auch dann getroffen wurde, wenn man militärische Ziele bombardieren wollte. Doch mögen die Luftangriffe auf die Zivilbevölkerung zunächst eine unvermeidliche Begleiterscheinung gewesen sein, wurden sie zunehmend zum eigentlichen Ziel.

Feuersturm über Köln, 1943

Der erste britische Angriff traf am 16. Dezember 1940 Mannheim. Erstes Opfer der neuen nächtlichen Angriffsstrategie mit Spreng- und Brandbomben war am 29. März 1942 Lübeck. Es folgte vom 24. bis 27. April Rostock. Köln erlebte in der Nacht vom 30. auf den 31. Mai 1942 einen bis dahin in der Kriegsgeschichte noch nicht geführten Großangriff von mehr als 1.000 Maschinen (erster »1.000-Bomber-Angriff«), bei dem 486 Personen ums Leben kamen und über 5.000 verletzt wurden. Es folgten in den kommenden Wochen Großangriffe auf Städte des Ruhrgebiets, auf Bremen und Düsseldorf.

Die USA beteiligten sich seit Sommer 1942 mit ihrer achten Luftflotte von Großbritannien aus an den Angriffen. Sie verfolgten eine grundsätzlich andere Taktik

Luftkampfstrategie der USA

als die Briten. Die Amerikaner flogen tagsüber Präzisionsangriffe, die sie aus großer Höhe mit schwer bewaffneten und teilweise gepanzerten Langstreckenbombern durchführten. Sie konzentrierten sich auf präzise festgelegte wehrwirtschaftliche Ziele. Gewaltige Rüstungsanstrengungen hatten den USA den klaren Vorsprung vor der Luftwaffe gesichert: Im Dezember 1941 verfügten sie über eine Streitmacht von 12.297 Flugzeugen, ein Jahr später bereits über 33.304. 1942 baute die USA 48.000 Flugzeuge, davon fast 13.000 Bomber und 2.600 der besonders gefürchteten viermotorigen »fliegenden Festungen«, schwer bewaffnete und teilweise gepanzerte Langstreckenbomber. 1943 erreichte man, einschließlich Schulflugzeugen, eine Produktion von 146.902 Maschinen. Die gesamte Flugzeugproduktion des Deutschen Reiches betrug im Vergleich hierzu 1942 14.700 und 1943 25.220 Maschinen. Langstreckenbomber wurden überhaupt nicht produziert.

Bombenkrieg über Deutschland

Auf der Grundlage dieser enormen Überlegenheit begannen die Briten und Amerikaner 1943 ihre strategische Bomberoffensive gegen Deutschland. Die Amerikaner flogen zunächst Ende Januar 1943 einen Angriff auf Wilhelmshaven, während die Briten sich von März bis Juni 1943 auf die »Battle of the Ruhr« konzentrierten. Das »round-the-clock-bombing« von amerikanischen Tages- und britischen Nachtangriffen blieb zunächst die Ausnahme. Eines der ersten Opfer war Hamburg (»Operation Gomorrha«), das vom 25. Juli bis 3. August 1943 bombardiert wurde, wobei über 34.000 Menschen einen größtenteils qualvollen Tod fanden. In den folgenden Monaten sanken die meisten deutschen Großstädte in Schutt und Asche. Noch in den letzten Kriegsmonaten wurden viele kleine Städte verwüstet, wie z. B. Darmstadt (11./12. August 1944), Heilbronn (4./5. Dezember 1944), Pforzheim (23./24.

Februar 1945), Potsdam (14./15. April 1945). Die Zerstörung des wehrlosen und militärisch bedeutungslosen Dresden am 13./14. Februar 1945 mit über 35.000 Opfern zählt zum traurigen Höhepunkt der Vernichtungskraft der alliierten Luftangriffe.

Bilanz des Bombenkrieges

Der Bombenkrieg hatte durch den Einsatz bis dahin nicht vorstellbarer Quantitäten eine neue Qualität erhalten. Während die deutsche Luftwaffe im gesamten Zweiten Weltkrieg 108.330 Tonnen Bomben abwarf, verwendeten die Amerikaner und Briten über Europa 2.687.473 Tonnen, davon 50,3 % über Deutschland, 6,7 % über Österreich, 21,8 % über Frankreich, 13,7 % über Italien und 7,5 % über anderen Gebieten. Allein im März 1945, dem Monat mit der höchsten Abwurfquote, wurden auf Deutschland 130.000 Tonnen Bomben abgeworfen. Durch die Bombenangriffe kamen mehr als 600.000 Menschen um, 900.000 wurden verletzt, vier Fünftel aller deutschen Großstädte mit mehr als 100.000 Einwohnern wurden zerstört, 1,86 Millionen Wohnungen zerstört und 3,6 Millionen Wohnungen beschädigt. Die Briten verloren 58.309 Mann und die Amerikaner 43.742 Mann fliegenden Personals. Doch die deutsche Waffenproduktion wurde nicht wesentlich beeinträchtigt. Es gelang auch nicht, die Kampfmoral der Bevölkerung zu brechen. Für sie kamen der Feind und die Bedrohung von oben, und die Ursachen für diese Kriegsführung wurden zumeist nicht erkannt. In einer Art Trotzreaktion stellten sich viele Menschen noch einmal hinter das Regime. Der Bombenkrieg, der sich auch gegen Frauen und Kinder richtete, weckte eher die Solidarität mit dem NS-Regime, als dass er sie erschütterte, zumal die Parteigliederungen für die Versorgung der »Ausgebombten« verantwortlich waren.

Hamburger Wohnviertel nach der alliierten Bombardierung, Sommer 1943

Je länger der Krieg dauerte und je mehr er nach Deutschland kam, desto stärker veränderte sich auch das alltägliche Leben der Menschen. Das Regime war bis zuletzt sorgsam darauf bedacht, die Bevölkerung so weit wie möglich zu schonen. Doch die Lebensmittelrationen wurden kleiner, das Brot schlechter, Fett zur Mangelware. Konsumgüter wurden lange Zeit nicht in dem Maße eingeschränkt, wie es die Kriegswirtschaft erfordert hätte. Die Arbeitszeit stieg von 48 auf über 50 Stunden. Vor einer generellen Dienstverpflichtung für Frauen, wie sie zum Beispiel Großbritannien 1941 einführte, schreckte das Regime zurück. Doch die Anzahl der erwerbstätigen Frauen stieg von sieben Millionen 1935 auf 14,6 Millionen bis Mai 1939. In den ersten Kriegsjahren ging der Anteil sogar leicht zurück und stieg erst ab 1943 geringfügig über das Vorkriegsniveau.

Zugriff auf die Jugendlichen

Gegen Ende des Krieges wurden der Zugriff auf die Jugendlichen und ihre Militarisierung immer stärker. In »Wehrertüchtigungslagern« und bei der HJ durchliefen Jugendliche eine vormilitärische Ausbildung. Schule spielte immer weniger eine Rolle; in den letzten Kriegsmonaten wurden sie ganz geschlossen. Kinder und Jugendliche wurden als Hilfs- und Ersatzkräfte eingesetzt. Für die »Schulaltstoffsammlung« hatten sie Altpapier, Lumpen und andere Rohprodukte zu sammeln. Je länger der Krieg dauerte, desto stärker wurden die Schüler auch direkt für militärische Zwecke eingespannt. Der »Luftschutzdienst« gehörte noch zu den harmloseren Aufgaben. Seit Januar 1943 wurden Jungen unter 18 Jahren, noch rasch mit einem »Notabitur« versehen, zur Wehrmacht eingezogen, oft direkt aus den Wehrertüchtigungslagern. Jugendliche im Alter von 15 bis 17 Jahren wurden klassen-

16jähriger Hitlerjunge im ostpreußischen »Volkssturm«, Oktober 1944

Kinderlandverschickung: Landverschickte Mädchen marschieren von ihrem Lager im Riesengebirge zu einer Luftschutzübung, 1941

weise als Flakhelfer herangezogen und lernten so die Schrecken des Bombenkrieges unmittelbar kennen. Anfangs erhielten sie noch von ihren Lehrern eine Ausbildung, die später entfiel. Zunehmend schlechter ausgebildet und ausgerüstet, mussten sie an den schweren Flakgeschützen der Luftwaffe oder der Marine arbeiten. Im Sommer 1944 sollen 56.000 Jugendliche als Flakhelfer eingesetzt worden sein. Am 25. September 1944 wurde ein Erlass Hitlers über die Bildung des Volkssturms aus allen waffenfähigen Männern von 16 bis 60 Jahren veröffentlicht. Jetzt zog man die Jungen und die Alten heran. Die Aufstellung und Ausbildung des »Volkssturms« lag in den Händen der Partei. Doch die Einheiten konnten kaum ausgerüstet, noch nicht einmal uniformiert werden. Eine Armbinde musste häufig reichen, um sie als Soldaten kenntlich zu machen. Zuletzt steckten die Nationalsozialisten sogar Jungen von 12 und 13 Jahren in übrig gebliebene Reste von Uniformen der Wehrmacht.

Den Einfluss auf Jugendliche zu verstärken, war auch ein Ziel der »Erweiterten Kinderlandverschickung« (KLV). Mit der Evakuierung von Kindern und Jugendlichen für mindestens ein halbes Jahr aus luftkriegsgefährdeten Gebieten in weit entfernt von der Heimat liegende, noch sichere ländliche Gebiete beauftragte Hitler im September 1940 die HJ. Seit 1933 existierte

Die »Erweiterte Kinderlandverschickung« (KLV) erfasste rund zwei Millionen Kinder und Jugendliche

bereits eine »Kinderlandverschickung« in Pflegestellen auf dem Lande aus gesundheitlichen und sozialen Gründen für Stadtkinder. Die Erweiterte KLV wurde von der Partei finanziert. Sie war zunächst freiwillig, doch mit der Verschärfung des Luftkrieges wurden bald ganze Schulklassen »verschickt«. Insgesamt waren rund zwei Millionen Kinder und Jugendliche betroffen: 850.000 Jugendliche zwischen zehn und vierzehn Jahren in KLV-Lagern, eine etwa gleich große Zahl Kinder zwischen sechs und zehn Jahren in Pflegefamilien und ungefähr eine halbe Million Kinder unter sechs Jahren, die mit ihren Müttern »verschickt« wurden. Sie waren zuletzt in über 9.000 Heimen, Jugendherbergen, Barackenlagern, Hotels untergebracht, u. a. zuerst in Süd- und Ostdeutschland, dann in Böhmen und Mähren und in Ungarn. Die Kinder sollten nicht allein vor dem Krieg geschützt, sondern nationalsozialistisch beeinflusst und paramilitärisch ausgebildet werden. Die Lager wurden von einem Lagermannschaftsführer aus den Reihen der HJ oder des BDM geleitet. Man wollte die Kinder und Jugendlichen dem Einfluss des Elternhauses entziehen und sie von ihren Eltern entfremden. Viele Eltern veranlasste dies – ebenso das häufig geschilderte Heimweh – jedoch, ihre Kinder aus den Lagern zurückzuholen. Die Erlebnisse der betroffenen Kinder und Jugendlichen waren so unterschiedlich wie die Formen der KLV, ob Lager oder Pflegefamilien, ob alleine oder in einer Gruppe. Einige erlebten es als ein willkommenes Abenteuer, doch viele trugen traumatische Erfahrungen davon.

Verstärkte Widerstandsaktivitäten gegen Ende des Krieges

In den letzten Kriegsjahren verstärkten sich wieder die Widerstandsaktivitäten. Zwischen 1937 und 1940 schwieg der Widerstand auch weitgehend deswegen, weil der Grad der Zustimmung der Bevölkerung zum Regime so hoch wie nie zuvor war. Doch bereits vor dem Krieg hatte sich ein Kreis um Carl Goerdeler gesammelt, der 1937 als Leipziger Oberbürgermeister aus Protest gegen die Entfernung des Mendelssohn-Denkmals vor dem Gewandhaus zurückgetreten war. Goerdeler wurde zum Zentrum eines konservativ-nationalliberalen und christlich geprägten Widerstandskreises, dessen autoritäre politische Ziele sich am Deutschen Kaiserreich vor 1914 nebst Monarchie und nicht an der Demokratie der Weimarer Republik orientierten. Zu diesem Kreis stießen der Gewerkschafter Jakob Kaiser und der Sozialdemokrat Wilhelm Leuschner; zudem hatte er über Ludwig Beck engen Kontakt zur Militäropposition. Ende 1941 wurden Pläne zum Staatsstreich entwickelt. Ein Direktorium sollte gebildet werden, bestehend aus Beck als »Reichsführer«, d. h. Staatsoberhaupt, Goerdeler als Reichskanzler und Generalfeldmarschall von Witzleben als Oberbefehlshaber des Heeres. Goerdeler versuchte 1942 vergeblich, bekannte Truppenbefehlshaber zu gewinnen.

Widerstandskreis um Carl Goerdeler

Vor allem in Kreisau in Niederschlesien traf sich ein Kreis von einigen Männern und Frauen auf dem Gut von Helmuth James Graf von Moltke. Neben Moltke spielte eine führende Rolle Peter Graf Yorck von Wartenburg, beide waren Juristen in hohen staatlichen Ämtern. Sie scharten rund 40 Gleichgesinnte sehr unterschiedlicher sozialer und politischer Herkunft um sich, unter ihnen der Pädagoge Adolf Reichwein, Horst von Einsiedel und Carl Dietrich von Trotha aus dem universitären Umfeld, der Jurist im Auswärtigen Amt Adam von Trott zu Solz, die Jesuitenpatres Alfred Delp und Lothar König, die Sozialdemokraten Carlo Mierendorff und Julius Leber. In drei größeren Treffen diskutierte der Kreisauer Kreis, wie die Gestapo die Gruppe nannte, vor allem die Konzepte für die Nachkriegsordnung, die 1943 in der programmatischen Schrift »Grundsätze für die Neuordnung« zusammengefasst wurden. Im Mittelpunkt stand die Idee eines auf christlich-ethischen Grundsätzen und den Menschenrechten beruhenden

Kreisauer Kreis um Helmuth James Graf von Moltke

Mitglieder des Kreisauer Kreises vor dem Volksgerichtshof, 10./11. Januar 1945; im Vordergrund Alfred Delp, rechts dahinter sitzend Helmuth James Graf von Moltke

demokratischen Rechtsstaats, der sich durch Sozialreformen und europäische Integration auszeichnete. Nach der Verhaftung Moltkes im Januar 1944 fiel der Kreis auseinander. Einige seiner Mitglieder schlossen sich dem Goerdeler-Kreis an und beteiligten sich am Attentat des 20. Juli. Nach dessen Scheitern wurden die meisten Mitglieder des Kreisauer Kreises hingerichtet.

»Rote Kapelle« – Widerstandskreis um Harro Schulze-Boysen und Arvid Harnack

1941/42 wirkten in Berlin Widerstandskreise um Harro Schulze-Boysen und Arvid Harnack. Die Gestapo zählte sie zu den Gruppen, die für den sowjetischen militärischen Nachrichtendienst tätig waren und bezeichnete sie als »Rote Kapelle«. Zu diesem Widerstandsnetz zählten über 150 Menschen unterschiedlicher politischer und sozialer Herkunft, die sich zum Teil seit Mitte der dreißiger Jahre trafen. Viele waren linksintellektuell orientiert. Neben Intellektuellen und Künstlern gehörte auch eine Gruppe junger Kommunisten um den Arbeiter Hans Coppi dazu. Es wurde ein reger Meinungsaustausch gepflegt, Hilfe für Verfolgte organisiert, Flugschriften verteilt, Klebeaktionen durchgeführt, Kontakt mit anderen Gruppen sowie mit Zwangsarbeitern aufgenommen und Moskau über Funksprüche mit Informationen beliefert. Im Frühjahr hatte man sowjetische Stellen vor dem drohenden deutschen Angriff gewarnt. Zwischen Herbst 1942 und

Frühjahr 1943 wurden 126 Mitglieder der Gruppe verhaftet, 49 von ihnen zum Tode verurteilt und hingerichtet.

»Nationalkomitee Freies Deutschland«

Bedeutung erlangte das »Nationalkomitee Freies Deutschland«, das am 13. Juli 1943 auf Initiative der sowjetischen Führung bei Moskau gegründet wurde und aus emigrierten deutschen Kommunisten und deutschen Kriegsgefangenen bestand. Präsident wurde der Schriftsteller Erich Weinert. Im Gründungsmanifest wurden die NS-Verbrechen verurteilt und zum Sturz des Regimes aufgerufen. Am 11./12. September 1943 wurde speziell für höherrangige Offiziere, die sich dem Nationalkomitee wegen des kommunistischen Übergewichts nicht anschließen wollten, der »Bund deutscher Offiziere« gegründet. Vorsitzender wurde General Walter von Seydlitz-Kurzbach, Mitglied war u. a. Generalfeldmarschall Friedrich Paulus. Bereits zwei Tage später wurden der »Bund deutscher Offiziere« und das Nationalkomitee Freies Deutschland zur Bewegung »Freies Deutschland« zusammengeschlossen, unter diesem Namen erschien eine wöchentliche Zeitung. Mit Flugblättern forderte man an der Front Wehrmachtssoldaten zur Aufgabe auf, und über eine Radiostation wurden Sendungen in Deutschland ausgestrahlt. In Deutschland und in anderen Ländern bildeten sich örtliche Gruppen des Nationalkomitees, die z. T. beachtliche Größe erreichten und viele unterschiedliche Strömungen vereinen konnten.

Militärischer Widerstand

In der Endphase des Krieges wuchs auch der militärische Widerstand. 1938 hatte Generaloberst Ludwig Beck in Denkschriften Hitler von seinem Kriegskurs abbringen wollen und vergeblich gehofft, die Generalität für sein Ansinnen zu gewinnen, worauf er um Entlassung bat. Ein Putschversuch im September 1938 scheiterte bereits in den Ansätzen. Nach Kriegsbeginn sahen es die meisten hohen Militärs als ihre patriotische Pflicht an, für den deutschen Sieg zu kämpfen. Dies galt insbesondere beim Krieg gegen die Sowjet-

Besuch Mussolinis bei Hitler im Führerhauptquartier Wolfsschanze bei Rastenburg (Ostpreußen) unmittelbar nach dem Attentatsversuch vom 20. Juli 1944

union. Viele hohe Militärs sahen darin einen notwendigen »Kreuzzug« gegen den Bolschewismus, nur wenige blieben kritisch, selbst als der Expansionskurs weiterging. Viele der späteren Attentäter vom 20. Juli trugen Hitlers Kriegskurs lange mit und waren von antibolschewistischen und antisemitischen Vorurteilen geprägt.

Das missglückte Attentat vom 20. Juli 1944

Die bekannteste Widerstandsaktion, wahrscheinlich auch die mit der größten Chance, das Regime zu stürzen, war die Militärverschwörung des 20. Juli 1944, die in dem gescheiterten Attentatsversuch von Oberst Graf von Stauffenberg im Führerhauptquartier »Wolfsschanze« in Ostpreußen gipfelte. Eine Regierungserklärung, die von Beck als Staatsoberhaupt und von Goerdeler als Kanzler unterschrieben werden sollte, war bereits erstellt. Die Haupttäter wurden noch in der Nacht im Bendler-Block, den Diensträumen des Oberkommandos des Heeres (OKH) in der Bendlerstraße in Berlin, hingerichtet. Das Attentat war dreimal verschoben worden, auch andere Versuche von Militärs scheiterten auf groteske Art. Die Militäropposition hatte lange gezaudert, so dass der richtige Zeitpunkt zum Widerstand verpasst wurde. Jüngere Offiziere wie Stauffenberg, sein Freund Generalmajor Henning von Tresckow und General Friedrich Olbricht drängten seit Sommer 1943 stärker als Hitler-kritische Generäle zur

Tat. Vor allem der verbrecherische Charakter der Kriegsführung im Osten und die Schrecken des Massenmords an den Juden hatten sie motiviert. Die militärische Lage war im Sommer 1944 längst aussichtslos geworden. Es konnte nicht mehr darum gehen, einen grundlegenden politischen Wandel zu erreichen, sondern bestenfalls noch den Krieg zu beenden, und vor allem ging es auch darum, ein moralisches Zeichen zu setzen. Generalmajor Henning von Tresckow meinte: »Es kommt nicht mehr auf den praktischen Zweck an, sondern darauf, daß die deutsche Widerstandsbewegung vor der Welt und vor der Geschichte den entscheidenden Wurf gewagt hat«.

Die seit 1944 immer chaotischer werdenden Lebensverhältnisse boten zunehmend die Möglichkeit unterzutauchen, so dass eine hohe Anzahl von Oppositionellen, Deserteuren, geflüchteten Zwangsarbeitern und Kriegsgefangenen in der Illegalität lebte. Mit dieser Entwicklung verschärften sich Terror und Verfolgung des Regimes gegenüber oppositionellem Verhalten. Insbesondere nach dem Attentat vom 20. Juli 1944 setzte eine Welle von rücksichtslosen Maßnahmen der Unterdrückung ein. Die Gestapo nutzte das Scheitern des Umsturzversuches zu einer Generalabrechnung mit der bürgerlichen Opposition. Das Reichssicherheitshauptamt löste die Verfolgungsaktion »Gewitter« aus. Viele Familienangehörige politischer Gegner wurden in Sippenhaft genommen. Tausende wurden verhaftet, Hunderte durch den Volksgerichtshof und die Sondergerichte zum Tode verurteilt, viele ohne Urteil ermordet.

Claus Schenk von Stauffenberg, um 1940

Amerikanisch-britische Landoffensive

In der Nacht vom 9. auf den 10. Juli 1943 landeten amerikanisch-britische Truppen auf Sizilien. Damit brach das faschistische System zusammen, der Duce wurde gestürzt und eine nicht-faschistische Regierung erklärte Deutschland den Krieg. Aus dem engsten

Verbündeten war ein Gegner geworden. Zwar gelang es deutschen Fallschirmjägern, den gefangen gesetzten Mussolini zu befreien, aber die von ihm geführte Marionettenregierung von deutschen Gnaden hatte keine Bedeutung mehr. Die deutschen Truppen wurden in schweren Kämpfen Stück für Stück in Richtung Norden zurückgedrängt. Am 28. April 1945 kapitulierten die deutschen Truppen in Italien in eigener Verantwortung vorzeitig. Seit dem Sommer 1943 gelang es auch der Roten Armee, die deutschen Truppen weit zurückzudrängen, Südrussland und die östlichen Teile der Ukraine zu besetzen und im Mai 1944 die Krim zurückzuerobern, die restliche Ukraine bis hin zur ehemaligen tschechoslowakischen Grenze einzunehmen und damit die deutsche Südfront zu vernichten. Seit Januar 1944 drängte eine sowjetische Großoffensive die Heeresgruppe Nord von Leningrad bis zum Peipus-See zurück.

Landung der Westalliierten in der Normandie

Vom 28. November bis 1. Dezember 1943 konferierten die »Großen Drei« (Churchill, Roosevelt, Stalin) in Teheran und stimmten ihre Kriegsstrategie ab. Sie verabredeten endgültig die Landung in der Normandie (Operation »Overlord«) und erklärten eine eventuelle Landung in Südfrankreich (Operation »Anvil«, später »Dragoon«) zu den wichtigsten militärischen Vorhaben 1944. Mit der Landung der Westalliierten in der Normandie am 6. Juni 1944 mit 619.000 Soldaten kam die entscheidende Wende für die Befreiung Westeuropas. Die militärische Niederlage Deutschlands war danach nur noch eine Frage der Zeit. Am 25. August 1944 zogen die Alliierten in Paris ein und am 3. September in Brüssel. Als erste deutsche Großstadt wurde am 21. Oktober 1944 Aachen erobert. Doch dann stoppte der Vormarsch: Im Hürtgenwald in der Eifel kam es zwischen November 1944 und Februar 1945 zu einer der größten und grausamsten Schlachten des gesamten Krieges, bei der schätzungsweise mehr als 50.000 amerikanische und deutsche Soldaten starben. Köln wurde erst am 6. März 1945 befreit.

»D-Day«: Invasion amerikanischer Truppen in der Normandie, 6./7. Juni 1944

Drei Tage nach Beginn der Landung in der Normandie eröffneten die Sowjets die Offensive an der finnischen Front. Die am 22. Juni 1944, dem dritten Jahrestag des Überfalls auf die Sowjetunion, begonnene Großoffensive gegen die Heeresgruppe Mitte endete innerhalb weniger Tage mit einer Katastrophe, die Stalingrad übertraf: 28 deutsche Divisionen wurden vernichtet, 350.000 Soldaten starben, wurden vermisst oder gefangen genommen. Am 1. August 1944 versuchten polnische Verbände noch vor dem Einmarsch der Roten Armee, Warschau aus eigener Kraft zu befreien; doch der Warschauer Aufstand wurde bis zum 2. Oktober brutal niedergeschlagen. Nach dem Frontwechsel des deutschen Verbündeten Rumänien am 25. August 1944 wurden ab September 1944 Griechenland, die Ägäis, Kreta und Jugoslawien von deutschen Truppen geräumt; Finnland, Bulgarien und schließlich Ungarn schlugen sich auf die Seite der sowjetischen Truppen. Am 12. Januar 1945 setzte die Rote Armee mit dem Marsch auf Ostdeutschland und Berlin an. Am 25. April 1945 trafen Russen und Amerikaner bei Torgau an der Elbe erstmals aufeinander.

Doch eine Aufgabe des völlig aussichtslos gewordenen Kampfes kam für Hitler nicht in Frage, auch wenn Speer und andere angesichts der militärischen Lage eindringlich dazu rieten. Es widersprach Hitlers brutalem sozialdarwinistischem Verständnis. Für ihn hatte Deutschland das Recht auf Existenz verwirkt: »Wenn das deutsche Volk einmal nicht mehr stark und opferbereit genug sei, sein eigenes Blut für seine eigene Existenz einzusetzen, so soll es vergehen und von einer anderen, stärkeren Macht vernichtet werden.« An anderer Stelle hieß es: »Wir kapitulieren nicht, niemals. Wir können untergehen. Aber wir werden eine Welt mitnehmen.« Hitler verfügte, dem Feind im ganzen Reich nur »verbrannte Erde« zu überlassen. Speer hatte zwar versucht, Hitler in einer Denkschrift vom 15. März 1945 davon zu überzeugen, die letzten Reste der Wirtschaftsbasis für die Überlebenden zu erhalten. Doch Hitler ordnete am 19. März 1945 im »Nero-Befehl« die vollständige Zerstörung der deutschen Wirtschaft an.

Politik der »verbrannten Erde«

Hitler hatte nun endgültig jeden Realitätssinn verloren. Seit dem 16. Januar 1945 hielt er sich nur noch im Bunker der Reichskanzlei auf, immer noch auf eine plötzliche Wende hoffend. Er nahm sich am 30. April 1945 das Leben, kurz bevor die Rote Armee das Regierungsviertel erreichte. Die deutsche Wehrmacht

Der sowjetische Soldat Meliton Kantarija hisst die Rote Fahne auf dem Berliner Reichstagsgebäude, Mai 1945. Nachträglich kolorierte Aufnahme

kapitulierte am 7. Mai im Hauptquartier von General Eisenhower in Reims und am 9. Mai 1945 im sowjetischen Hauptquartier in Berlin-Karlshorst bedingungslos. Der Krieg war damit noch nicht beendet. Die Japaner kämpften erbittert weiter. Der Abwurf der Atombomben auf die japanischen Städte Hiroshima am 6. August und Nagasaki am 9. August 1945 durch die Amerikaner führte mit zur japanischen Kapitulation am 2. September 1945 und damit zum Ende des Zweiten Weltkrieges.

Die Schreckensbilanz der nationalsozialistischen Herrschaft

Die Bilanz der nationalsozialistischen Herrschaft ist erschreckend: Schätzungsweise 55 bis 60 Millionen Menschen starben im Krieg oder wurden Opfer des Genozids. Über sechs Millionen Juden wurden ermordet; darunter zwischen 160.000 und 195.000 deutsche Juden. Mindestens 13 Millionen Menschen sind durch Verbrechen des NS-Regimes, nicht durch Kriegshandlungen, ums Leben gekommen, unter ihnen neben Juden Sinti und Roma, Opfer der »Euthanasie«, Homosexuelle, »Asoziale« sowie Widerstandskämpfer und Zwangsarbeiter. Im Krieg starben in der Sowjetunion ca. 21 bis 25 Millionen (davon sieben Millionen Zivilisten und 3,3 Millionen Kriegsgefangene), in China 15 Millionen, in Deutschland sieben Millionen, in Polen sechs Millionen (darunter etwa drei Millionen ermordete Juden), in Japan 2,5 Millionen, in Jugoslawien 1,69 Millionen Menschen. 35 Millionen Menschen erlitten im Krieg Verwundungen, drei Millionen Soldaten und Zivilisten wurden nach Kriegsende vermisst. Acht Millionen Deutsche befanden sich nach Kriegsende in Kriegsgefangenschaft, aus der die letzten erst 1956 zurückkehrten. Bei der Flucht und Vertreibung von ca. zwölf Millionen der deutschen Bevölkerung aus den Gebieten östlich der Oder und Neiße kamen schätzungsweise zwei Millionen ums Leben.

Bedürftig, Friedemann (Hg.): Drittes Reich und Zweiter Weltkrieg. Das Lexikon, München 2002

Benz, Wolfgang: Geschichte des Dritten Reiches, München 2000

Benz, Wolfgang/Graml, Hermann/Weiß, Hermann (Hg.): Enzyklopädie des Nationalsozialismus, Stuttgart 1997

Brechtken, Magnus: Die nationalsozialistische Herrschaft 1933–1939, Darmstadt 2004

Broszat, Martin: Der Staat Hitlers. Grundlegung und Entwicklung seiner inneren Verfassung, 11. Aufl. München 1986

Broszat, Martin/Frei, Norbert: Das Dritte Reich im Überblick. Chronik, Ereignisse, Zusammenhänge, 5. Aufl. München 1996

Burleigh, Michael: Die Zeit des Nationalsozialismus. Eine Gesamtdarstellung, Frankfurt am Main 2000

Dülffer, Jost: Deutsche Geschichte 1933–1945. Führerglaube und Vernichtungskrieg, Stuttgart u. a. 1992

Evans, Richard J.: Das Dritte Reich. Bd. 1: Aufstieg, München 2004; Bd. 2 (in 2 Halbbänden): Diktatur, München 2006 (aus dem Englischen)

Frei, Norbert: Der Führerstaat. Nationalsozialistische Herrschaft 1933 bis 1945, München 1987

Gellately, Robert: Hingeschaut und weggesehen. Hitler und sein Volk, 2. Aufl. Stuttgart u. München 2002 (aus dem Amerikanischen)

Hehl, Ulrich von: Nationalsozialistische Herrschaft, 2. Aufl. München 2001

Herbst, Ludolf: Das nationalsozialistische Deutschland 1933–1945. Die Entfesselung der Gewalt. Rassismus und Krieg, Frankfurt am Main 1996

Hildebrand, Klaus: Das Dritte Reich, 6. Aufl. München 2003

Hofer, Walther (Hg.): Der Nationalsozialismus. Dokumente 1933–1945, Neuausgabe Frankfurt a. M. 1983

Kammer, Hilde/Bartsch, Elisabet: Nationalsozialismus. Begriffe aus der Zeit der Gewaltherrschaft 1933–1945, Reinbek bei Hamburg 1994

Kershaw, Ian: Der NS-Staat. Geschichtsinterpretationen und Kontroversen im Überblick, Reinbek bei Hamburg 1988

Kershaw, Ian: Hitler. Bd. 1: 1889–1936, Stuttgart 1998; Bd. 2: 1936-1945, 2. Aufl. Stuttgart 2000 (aus dem Englischen)

Kitchen, Martin: Kurze Geschichte des Dritten Reiches, Darmstadt 2006 (aus dem Amerikanischen)

Kißener, Michael: Das Dritte Reich, Darmstadt 2005

Michalka, Wolfgang (Hg.): Deutsche Geschichte 1933–1945. Dokumente zur Innen- und Außenpolitik, Frankfurt a. M. 1993

Möller, Horst/Dahm, Volker/Mehringer, Hartmut, unter Mitarbeit von Albert A. Feiber (Hg.): Die tödliche Utopie. Bilder, Texte, Dokumente, Daten zum Dritten Reich, 4. Aufl. München 2002

Thamer, Hans-Ulrich: Verführung und Gewalt. Deutschland 1933–1945, Berlin 1986

Wehler, Hans-Ulrich: Deutsche Gesellschaftsgeschichte. Bd. 4: Vom Beginn des Ersten Weltkriegs bis zur Gründung der beiden deutschen Staaten 1914–1949, München 2003

Wendt, Bernd Jürgen: Deutschland 1933–1945. Das »Dritte Reich«. Handbuch zur Geschichte, Hannover 1995

Zentner, Christian/Bedürftig, Friedemann (Hg.): Das große Lexikon des Dritten Reiches, München 1985

Nach Fertigstellung des Manuskripts erschienen:

Piper, Ernst: Kurze Geschichte des Nationalsozialismus. Von 1919 bis heute, Hamburg 2007

Wildt, Michael: Geschichte des Nationalsozialismus, Göttingen 2008

Bildnachweis

BPK, Berlin, Umschlagvorderseite
Bundesarchiv, Koblenz 75 (Bild 111-098-075), 83 (Bild 146-1986-029-02), 89 (Bild 183-1982-1130-502), 91 unten (Bild 183-R31497), 94 (Plak 002-025-033), 99 (Bild 146-1988-001-25), 100 (Plak 003-025-013), 113 (Plak 003-003-001), 133 (R 165 Bild-244-52), 170 (R 49 Bild-1733), 176 (Plak 003-029-043), 182 (Bild 183-J28021)
Deutsches Historisches Museum, Berlin 53, 57, 66, 68, 103, 125, 140, 160, 167, 177
Essener Luftfahrtarchiv 92
Hille, Gustav 161
Hoffman, Heinrich/Bayerische Staatsbibliothek 15, 49
NS-Dokumentationszentrum der Stadt Köln 61 oben, 84, 87, 111, 112, 117, 126, 129, 135, 136
Organisationshandbuch der NSDAP 26
Picture-Alliance/AKG Images 2, 10, 11, 14, 17, 19, 29 (Walter Ballhause), 34, 36, 38, 44, 46, 70, 73, 97, 145, 150, 151, 156, 165, 188
Picture-Alliance/dpa 61 unten, 115 unten, 157
Picture-Alliance / IMAGNO/Austrian Archives 62, 80
Picture-Alliance/IMAGNO/ Lothar Rübelt/NB 27
Picture-Alliance/IMAGNO/ Schostal Archive 23, 78, 121
Picture-Alliance/KPA/TopFoto 147, 191
Rheinische Zeitung, 27. November 1932 35
Rheinisches Bildarchiv, Köln 9
Ullstein 25, 42, 45, 55, 59, 146, 163, 183, 186
United States Holocaust Museum, Washington 104
Vogel, Alfred: Erblehre und Rassenkunde in bildlicher Darstellung, 1938 131